青弓社ライブラリー 84

SEIKYUSHA LIBRARY

# 発表会文化論

## アマチュアの表現活動を問う

宮入恭平 編著

青弓社

# 発表会文化論——アマチュアの表現活動を問う／目次

装丁——伊勢功治

# はじめに　宮入恭平

## やり残した「宿題」を片付けるために

この社会には、発表会が満ちあふれている――そんな思いを漠然と抱き始めたのは、二〇一一年に刊行されたライブシーンに関する本を執筆しているときだった。[1] 不特定多数のオーディエンスに向けてパフォーマンスがおこなわれていたライブシーンが、特定のオーディエンスを対象とするようになった状況に対して、個人的に違和感を覚えたのがことの発端だった。その根底にあったのが、自身のミュージシャンとしての経験から肌で感じていた、ライブハウスに漂う閉塞感だった。かつてライブハウスは、もしかしたら個人的なノスタルジアになってしまうかもしれないが、異質な観客へ向けたパフォーマンスがおこなわれるライブシーンの代表だった。しかし、時代の流れとともに、ライブハウスは同質的な身内へ向けたパフォーマンスがおこなわれる閉塞的なものへと姿を変えてしまったのだ。出演者は自分の友人や知人に声をかけ、その結果、会場に集まる人々は必然的に顔見知りが中心になる。そして、内輪でおこなわれるパフォーマンスのために、出演者自らが出演料を支払う。その光景からは、好むと好まざるとにかかわらず、日頃の成果を披露するためにおこなわれる発表会が想起される。

子どもから大人まで、学校であれ習い事であれ、大きな舞台であれ小さな舞台であれ、一度でも発表会を経験したことがある人はかなりの数にのぼるだろう。たとえば、学校行事の学芸会、ピアノ教室の演奏会、あるいは古典芸能のおさらい会など、日頃の成果を披露する発表会は日常生活のなかに数多く見られる。また、発表会そのものに参加することはなくても、発表会の要素を多分にはらんだ疑似発表会とも呼べるカラオケへの参加は日常的におこなわれている。さらに、ライブシーンの発表会化という状況も、無自覚的に発表会を実践している例としてあげられるだろう。いまや発表会は、確実に人々の日常生活のなかへと浸透しているのだ。

社会的に容認されながら日常的に実践されている発表会だが、学術分野ではこれまで、趣味やレジャーという単なるアマチュアの表現活動として軽視され、研究対象から除外される傾向にあった。あるいは、発表会があまりにも自明のものとして内面化されてしまっているがゆえに、改めて俎上に載せるに値しなかったのかもしれない。たとえば、ライブハウスでは演奏するために出演者自らが出資することが規範となっている。それは、「たとえ出演料を支払ってまでも、自分たちの演奏を聴いてもらいたい」という発表会に対する心性と接続しているからではないだろうか。さらに、そのような行為に対する反論の声が聞こえてこないのは、発表会に対する心性が人々の意識のなかに自明のものとして根づいているからではないだろうか。

改めて、わたしが個人的に覚えた違和感は、発表会そのもののあり方にではなく、それまで発表会とは相いれるはずがなかったライブシーンの発表会化にあった。その違和感を拭うための試みとして、ライブシーンに関する本では、フォーク酒場、カラオケ、音楽教室やフラ教室に見え隠れする発表会の特徴をあぶりだす作業をおこなった。(2) そして、ライブシーンの発表会化には、(欧米と比較して）日本に特異の文化的な背景が影響を与えているという解釈に帰結した。しかし、いまになって振り返ると、そのときの議論ではライブシーンが中心に据え置かれていたために、発表会そのものに関する考察が希薄だったように思える。さらに、発表会を取り巻くさまざまな背景にまで言及することができなかった。つまり、そのとき以来わたしは、発表会に関する「宿題」を抱えていたことになる——発表会の自明性を問い直す必要があるのではないだろうか？　そしていまここで、そのやり残した「宿題」を片付けるために、発表会を体系的に語ろうとしているわけだ。

## 発表会を語るその前に

発表会を語るために、本書ではさまざまな分野に携わる人たちの力を借りている。一般論として、ひとつのテーマに複数の執筆者がかかわると、その仕上がりはそれぞれの著作を寄せ集めた論文集になりがちだ。言い換えると、一冊の本としてはまとまりを欠いた散漫なものになってしまう。そのような結末を回避すべく、今回はあくまでも一貫性ある一冊の本として仕上げたいという思いから、執筆者が事前に集まって議論できる環境を整えた。専門分野が多岐にわたることから、まずは執筆者それぞれの専門領域がなぜ今回のテーマとなる発表会に関連するのかという背景を確認することから始めた。そして、執筆者全員が共有できる発表会の意味について話し合った。こうした事前の議論を何度か重ねながら、執筆者それぞれの専門における発表会の語りを一冊の本に綴ることになった。

ここでは、発表会を「日頃の練習成果を披露するために、おもにアマチュアの出演者自らが出資して出演する、興行として成立しない公演」と定義している。もちろん、この定義づけは発表会に見られる最大公約数的な特徴から導き出したものであって、すべての発表会がこれに当てはまるとはかぎらない。したがって、この定義からはみ出したものについては、各章それぞれの事例のなかで説明を加えることになる。そして、発表会を取り巻くさまざまな状況を、ここでは発表会文化と呼ぶことにする。発表会を成立させるためには、公演や展示を見聞きする観客とともに、公演や展示がおこなわれる場所が必須になる。さらに、発表会に付随するさまざまな要素（たとえば、習い事産業、学校教育、公共施設、社会教育、そして、発表会に関連する諸制度）が発表会文化を形成している。

本書では、時代や経済、教育、制度、そして文化といった発表会を取り巻く背景を踏まえながら、現代における発表会の展開を俯瞰し、これまで可視化されることが少なかった発表会について、さまざまな視座からの検討を試みる。まずは、現在の発表会文化の礎となっている事象を、過去にさかのぼって確認する。第1章「発表会の歴史」では、近代における発表会の変容を俯瞰する。そもそも発表会の源流をたどると、日常生活のなかで創り出され消費される限界芸術へと行き着く。やがて、近代化の過程で西洋文化を受容しながら、家元制度や学校、公会堂といった制度や舞台を形成するとともに、現在の姿へと変容する発表会の歴史を確認する（薗田碩哉／歌川光一）。そして、第2章「習い事産業と発表会」では、一般的に知られている発表会の代表的なものと思われるピアノ、バレエやダンスといった欧米から輸入された習い事での発表会について取り上げる。演者、聴衆、そして指導者といった習い事にかかわる人たちにとって、発表会はどのような意味を持つのだろうか。そんな素朴な疑問について、二十世紀以降の欧米文化の受容とその発展過程や、発表会の前提となる習い事の文化にも触れながら考察する(佐藤生実)。

次に、行政や教育といった諸制度が、どのように発表会文化への影響をもたらしているのかを考えてみる。第3章「社会教育・生涯学習行政と地域アマチュア芸術文化活動」では、発表会文化を下支えしながらも、その直接的な議論の対象とはなりづらい、社会教育・生涯学習行政のあり方を検討する。教育行政と文化行政の内情を見ると、双方の所轄部署や管轄領域が曖昧になっている。さらに、自治体によっても両者の制度は異なっている。そして、アマチュアが表現活動を進めるためには、むしろその曖昧さが活動の支えになるという意外な状況が浮き彫りになってくる(歌川)。第4章「学校教育と発表会」では、学校教育が人々に発表会を内面化させる可能性を示している。習い事などで身につけた日頃の成果を披露する行為は、自覚的にせよ無自覚的にせよ、学校教育での部活動や文化的行事などの経験によって内面化される。競争的な要素のなかに共同性が含まれる部活動や学校行事は、共同性をはらんだ競争性という性格を持つ発表会を内面化させる機能を備えていると言えるだろう(宮入恭平)。

アマチュアが表現活動を実践するときには、公共施設を利用する場合が多い。そこで、第5章「発表会が照らす公共ホールの役割」では、自治体が運営する公共ホールを取り上げる。公共ホールはアマチュアが表現活動をする発表会の場として機能しているが、同時に、その実態を乗り越えようとして語られる「芸術」と「文化」という重なりながらも異なる二つの理想を垣間見ることができる。公共ホールでおこなわれる発表会の具体例を確認しながら、その理想像を模索する(氏原茂将）。第6章「合唱に親しむ人々」では、公共施設を利用して、発表する人たち自身が運営を支える発表会の例として合唱を取り上げる。メンバーがいくつかの声部に分かれ、異なる高さの音を響かせて和声を楽しむ合唱は、明治期に輸入された西洋音楽のなかでも、日本人にとって最もなじみにくいものだった。そのため合唱はいまだに少数者の特権性を持っており、そのことが独自の発表会文化を支える原動力になっている（薗田）。第7章「誰のための公募展」では、美術領域での発表会の一形態として公募展を取り上げる。出品料さえ払えば誰もが応募可能な公募展の多くは戦前からの歴史を持つが、近年では権威化が進み、その硬直化が批判されてきた。しかし、実際にはこの批判こそが、公募展の実情を覆い隠してきた。そして高度経済成長期以降、公募展はアマチュア美術愛好家による余暇活動の成果を披露する発表会へと変質を遂げているのだ（光岡寿郎）。

日本社会では発表会があまりにも自明のものとして容認されているために、改めてその特徴について語られることが少ないはずだ。もっとも、海外と比較したときに、日本の発表会文化の特異性は際立つことになる。第8章「発表会化するライブハウス」では、本来ならば発表会とは無関係なところで機能すべきはずのライブシーンに、発表会的な要素が侵食する状況に注目している。たとえば、ライブシーンの発表会化をうながす要因になっているライブハウスのノルマ制度について、アメリカとは異なり、日本では批判的な声があがることは少ない。日本でライブシーンが発表会化する要因が、単純に日本とアメリカでの音楽文化の違いだけではないことを確認する（宮入）。第9章「アメリカの発表会」では、アメリカでの日本芸能の発表会に注目する。発表会が日本に特異な文化的背景から影響を受けているとすれば、日本の外では発表会がどのように運営されているのだろうか。ハワイや南カリフォルニアでの日系アメリカ人を中心とする発表会では、日本文化を吸収しながら同化させている。こうしたアメリカの状況から、日本での新しい発表会のあり方を模索するための手がかりを示すだろう（早稲田みな子）。

本書では、可能なかぎり広範囲にわたる事例を提示しようと試みている。とはいえ、当然のことながら、あらゆる発表会のかたちを語ることは不可能だ。もっとも、今回は残念ながら語ることができなかった発表会のさまざまなかたちについても、各章の事例に置き換えて当てはめることが可能になるはずだ。そして、個別の具体的な事例を超えたところに、発表会文化が顕在化すると確信している。

では、そろそろ、発表会を語ることにしよう。

注

（1）宮入恭平／佐藤生実『ライブシーンよ、どこへいく――ライブカルチャーとポピュラー音楽』青弓社、二〇一一年

（2）宮入恭平／佐藤生実「開放されたステージ――発表会シーン」、同書一三九―一五〇ページ

# 第1章 発表会の歴史

薗田碩哉／歌川光一

## 1 「発表」することの起源──限界芸術論の視点から

鶴見俊輔は『限界芸術論』(勁草書房、一九六七年)で、「純粋芸術」「大衆芸術」という既存の二概念に加えて、「限界芸術」という第三の概念を打ち出した。制作者・鑑賞者がともに洗練された教養人(プロ)である「純粋芸術」、制作者はプロでも鑑賞者が民衆(素人《しろうと》)である「大衆芸術」に対して、制作者も鑑賞者も素人で、日常生活のただなかで創り出され消費されるのが「限界芸術」であり、それは生活と芸術の境界にあって重要な意味をもっているというのが鶴見の主張である。

鶴見によれば、芸術とはまず生活から生み出される「楽しい記号」であり、美的経験を直接に作り出す記号である。美的経験は日常経験一般とは違ってそれ自身の「完結性」をもつとともに、日常経験からの「脱出性」を併せ持っている。それによって日常から身をもぎ離し、日常を批判し、日常を豊かにする端緒をつかむことができるのである。そういう意味では生活との境界にある限界芸術こそがすべての芸術活動の出発点であり基盤である。そこから専門的な創作者や演奏者が生まれ、洗練の度を加えて大衆芸術、さらには純粋芸術が育ってくる。

鶴見はインドの哲学者クームラズワミの「すべての芸術家が特別の人間なのではない。それぞれの人間が特別の芸術家なのである」という言葉を引いて、「芸術の意味を、純粋芸術・大衆芸術よりもひろく、人間生活の芸術的側面全体に解放する」ものとして限界芸術を位置づける。限界芸術は「生活の様式でありながら芸術の様式でもあるような両棲類的な位置」[1]にあるものとしてすべての芸術活動の基盤となる。

限界芸術の代表的なジャンルは民謡だが、それはまず田植え歌や草刈り歌にみるように作業歌として誕生した。その傍系として子どもたちの遊び歌が生まれ、大人たちには宴会用の歌が作られ、人々はそれらの歌に乗せて自らの感慨を表現してきた。歌ばかりでなく踊りや語りや身の回りの用具の制作など、生活のさまざまな場面から限界芸術が生み出される。そして生活のなかにあるあらゆる種類の限界芸術が「オール・スターキャスト」で出そろうのは「祭り」のときだった。鶴見は柳田國男を引きながら、祭りの意味を次のように描写している。「祭りは、集団全体が主体となって、自らの集団生活を客体としてかえりみて、祝福することであり、平常はアクセントなく流れている集団生活が、このとき短い時間の中に凝集され、一つのモノの形を取る」。そして祭りのときだけに許されていた限界芸術の諸種目が、特別の専門家が生まれて平常時にもおこなうことを許されるようになって、それぞれのジャンルの純粋芸術や大衆芸術が育っていく道筋を示している。

本書は、「発表会」を俎上に載せるのだが、人々がさまざまな思いを表出し、あるいはその思いを美的表現として発表する行為は鶴見がいう限界芸術に起源を求めることができるだろう。「発表会」の源流が「祭り」にあることもみやすい道理といえるだろう。発表会文化は、限界芸術の表出の場として始まり、制作者と鑑賞者が分離していないという特色を維持しながら、時代とともに変遷をとげてきた。発表会を問うことは生活と芸術との境界に注目しながら、人々の生活意識、生活スタイルを見つめることでもある。

（薗田碩哉）

## 2　原型としての江戸遊芸――たしなみと趣味の日常化

長い戦乱に終止符を打った江戸時代は、封建体制の下で安定した社会が実現し、農業生産力が高まって人口が増加する。社会の上層の五％程度を占めた武家はもはや戦闘をもっぱらにする武人ではなく幕藩体制を支える官僚層に変わり、剣術の稽古ばかりではない文人生活を開拓していく。何らかのたしなみをもつことが支配層としての品格の証しとされ、碁・将棋から書画骨董、漢詩や和歌や俳諧などの文芸、謡曲や仕舞など多彩な趣味が広がる。茶道はもとより生け花も当初は男子のたしなみだった。また、商品経済の浸透によって次第に経済的実力をつけてくる町人層も義太夫や小唄、端唄、三味線や尺八などの音曲をはじめ多方面に及ぶ趣味に打ち込むようになる。十八世紀後半の大坂の大商人・木村蒹葭《けんか》堂のように、書籍をはじめ書画骨董、地図や標本・器物などの一大コレクションを蔵する自宅を開放し、さまざまな身分の人々が集まって交流し、漢詩を作り合うなど西欧の「サロン」にも引けをとらない場を生み出した人物もいる。

農民層も負けてはおらず、芝居、音曲から俳諧まで幅広い趣味を楽しむようになる。江戸後期になると農村にも貨幣経済が行き渡り、農民も農業だけでない多彩な「稼ぎ」に精を出して現金収入を図り、各地の特産品を全国に送り出した。町人も農民も商業行為に必須の「読み書き算盤」を身につけるのが当然のことになって、寺子屋（西国では手習い小屋）が全国に行き渡る。経済主体としての自覚は個の自立をうながし、他人とは違う自分の趣味を主張することにも熱心になる。識字能力の向上が情報収集を容易にし、江戸の文人が地方の都市や農村を訪ねて文化的な交流をおこなうことも珍しくなくなった。全国の農村の鎮守社の境内に立派な舞台が作られ、村芝居や農村歌舞伎が村人たちによって演じられ、楽しまれるようにもなった。江戸人は誰もが遊芸を生活の一方の課題とし、その技を披露する場を求めるようになっていたのである。

町人層の「発表会」志向を物語るものとしていまでも使われる「旦那芸」という言葉を取り上げてみよう。言葉の意味は「商家の主人などがなぐさみに習いおぼえた芸事」ということだが、よく知られた落語の演目『寝床』が旦那芸の一面をユーモラスに描いている。義太夫に熱中した大家さんは、誰も聞き手が来てくれないのに腹を立て、店子たちを無理やり呼び集め、下手な語りを聞かせて悩ませるという話である。原話は、安永四年（一七七五年）に出版された笑話本『和漢咄会』の一編だというから、江戸の中期には早くも素人演芸が広がっていたことが推測される。この噺はもとは『寝床浄瑠璃』という上方落語の演目だったが、明治中期に東京へ移入され、その後も人気のある演目の一つになった。

江戸後期にはたしなみや習い事が婦女子にも広がっていく。三味線や琴をはじめ、茶道や華道も婦女子の行儀作法の修練の一つとして注目され、娘を武家の御殿奉公に上げたい上層の町人は競って娘を習い事に追い立てた。十九世紀初頭、式亭三馬の『浮世風呂』（三編巻之上）には、「年の頃十か十一ばかりのこましゃくれた」娘二人のたわいないおしゃべりがつづられているが、一人の娘は朝の手習い、その後の三味線、午後は琴のお師匠さん宅、踊りのおさらい、日が暮れると再び琴のおさらいと遊ぶ間もなく、いやでならないと嘆いている。芸事には節目として「温習会」「おさらい会」がおこなわれるのが常で、これらは言うまでもなく「発表会」の原型だった。（薗田碩哉）

## 3 西欧化と遊芸の変容——発表会という新スタイル

黒船以来の西欧の圧力は、日本の政治・経済体制に否応のない変革をもたらしたばかりでなく、日本人の生活と文化もまた大きな変貌をとげざるをえなかった。鶴見俊輔は前述した『限界芸術論』で、日本の近代の芸術のとらえ方についてこう指摘している。日本の近代芸術は、「西欧文明の歴史の上で権威づけられた作品の系列（権威の問題）を、先進国の名人によって複製してもらって（模倣性と受動性の問題）、日本の中心都市である東京で少数の文化人がきく（地方文化にたいする東京中心文化の問題）」という三重の問題を含んでいるというのである。これは鶴見のカテゴリーでいう純粋芸術についてはまさにそのままあてはまるし、大衆芸術についても「感受性そのものの西欧化」が進行するなかで、伝統的なものに代わって西欧の大衆文化がモデルとなる事態が進行するのは大衆音楽や映画の領域をみれば明らかだろう。[2]

そして、限界芸術でも、次第に西欧化する日常生活を基盤にした「欧風限界芸術」が芽を吹いてくる。西欧風の歌や楽器、ダンスやドラマが次第に日常の楽しみとして受け入れられていく。数千年にわたる列島の生活や文化とは縁を断ち切るようにして、西欧文化の受容と消化に邁進してきたわれわれ近代日本人にとって、「発表会」とは、西欧風の生活をわがものにしたことを確かめ、互いに承認し合う場として必須のものになったというべきだろう。

明治維新によって政治体制は大きく変わるが、生活文化に変化が及ぶまでにはタイムラグがあった。明治期の文化は江戸期との連続性が高く、歌舞音曲の遊芸は相変わらず上層の教養人から庶民にいたるまで愛好者をもっていた。とはいえ、西欧の技術文明の取り込みに狂奔した新政府は、文化面でも鹿鳴館にみるように西欧の社交文化を直輸入したり、野蛮で稚拙とされた伝統文化の改良に乗り出したりしている。早くも一八七二年（明治五年）に江藤新平を中心に太政官令が下され、芝居も音曲も「風俗を破り倫理を乱す」内容を改め、「淫佚《いんいつ》放蕩」に流れないよう慎むことを命じている。新政府が特に力を入れたのは伝統音楽の改良であり、三味線に乗せて小唄、端唄を楽しむ民衆に、洋楽を注入して西欧風の唱歌を歌わせるべく「音楽取調掛」を設置して音楽教育に精力を注いだ。しかしながら、国民の感性の土台ともいえる音楽文化が西欧化されるまでには長い時間がかかった。その経緯は本書第６章、拙稿「合唱に親しむ人々」に譲る。

西欧文化を浸透させるチャンネルになったのは学校である。日本の近代教育の制度的な開始は一八七二年だが、小学校は瞬く間に全国に広がり、一九〇五年には就学率が九五％を超えた。これは世界でもまれにみる速さである。その背景に、江戸期にすでに全国に広がっていた寺子屋・手習い小屋の蓄積があったことは言うまでもない。そして西欧の文化は、スポーツにしても音楽にしても学校を通じて民衆のなかに根を下ろしていくのである。それを牽引するイベントとしてスポーツでは「運動会」があり、文化的な諸活動についてはのちにみるように「学芸会」が果たした役割が大きい。学芸会は地域での新文化の見本市であり、近代的な発表会の原型といってもいいだろう。

西欧文化の流入とともに、その紹介の場となる鑑賞会が公開の場でおこなわれるようになったのは大きな変化だった。江戸期の遊芸の「発表会」は、祝い事や宴席での饗応の遊芸として、限られた人数と空間のなかでおこなわれるのが常だった。専門の芸人には寄席のような興行の場があったが、素人の場合はあくまで内々の会にとどまっていた。ところが明治期に洋楽の演奏会が頻繁におこなわれるようになると、伝統的な遊芸もこれとあわせて公開の鑑賞の対象になっていった。

西洋文化が民衆のレベルにまで広がるのは大正期以降とみていい。そこにいくまでにメディアが果たした大きな役割に注目する必要がある。大衆新聞と雑誌、レコードと活動写真（映画）は大正期に急速に広まり、大正末期にはラジオ放送も登場して、西欧の文物、音楽、ドラマなどが身近なものになった。西欧風の芸術についていえば、明治期にはごく一部の教養ある階層にしか理解できない「純粋芸術」のレベルにあったものが、大正期には理解者が拡大して「大衆芸術」レベルに達したとみることができる。その背景として、工場や企業で働く労働者や職員層（サラリーマン）が増加して日曜日という余暇時間が発生し、それを土台に余暇の大衆化が進んだことがあげられる。当時の用語では「民衆娯楽」と称された大衆レジャーのメニューには、日常生活のなかで親しむスポーツや洋楽も含まれていた。洋服を着る人が多くなり、食事のなかにパンやコーヒーやビフテキが登場すれば、洋楽のレコードを聴き、ピアノやバイオリンを弾いてみようという人たちも現れる。

昭和期に入ると日常的な「限界芸術」のレベルでも西欧風が前面に登場する。一九四〇年前後（昭和十年代）の大阪船場の商家を描いた谷崎潤一郎の『細雪』（一九四八年）に登場する娘たちは、デパートのホールで開かれる日本舞踊の発表会の練習に励むかたわら、ピアノの稽古にも余念がない。茶道・華道・三味線・琴などの伝統的な遊芸が健在である一方、ピアノやバレエなどの西洋文化も女子の稽古事に欠かせないメニューに加えられていく。これらの新しい遊芸は、おさらい会や温習会に比べて、その目新しさや先取性を強調し、発表するという意味で「発表会」がふさわしい名称になる。そして発表会は、第二次世界大戦期には息をひそめたものの戦後の復興期から経済成長期に一気に拡大して、誰もがその気になれば手を伸ばして自らのものとすることができる、当たり前の光景となっていくのである（本書第6章、薗田碩哉「合唱に親しむ人々」、第7章、光岡寿郎「誰のための公募展」を参照）。

（薗田碩哉）

## 4　発表会を支える仕組み——制度・舞台・近代

さて、近代化によって「発表会」の内容だけでなく、「発表会」を支える制度や舞台にも変化が生じる。ここでは、今日わたしたちが「発表会」という状況から連想する催しの制度・舞台の形成過程について、学校、公会堂、家元制度を例にみてみよう。

### 学校での発表会——「学芸会」「音楽会」

表現活動への興味のあるなしにかかわらず、わたしたちの比較的多くが通過する「発表会」として、学校での発表会、すなわち「学芸会」「音楽会」などがある。これらの発表会は、今日「特別活動」として教育課程に位置づけられている。しかし、戦前期には、入学式・卒業式、運動会、遠足・修学旅行そして学芸会、音楽会といった「特別活動」は、体系化されることなく、国家もしくは学校による何らかの意図をもって実施されていた（本書第4章、宮入恭平「学校教育と発表会」を参照）。

まず、「学芸会」から、その生成・普及過程をみてみよう。[3]

「学芸会」を知るには、当時の進級・試験制度を確認しておく必要がある。明治十年代（一八七七―八六年）には、習熟によって次の段階へと進むことが可能になる「等級制」を基盤とした進級制度をとっていた。学校での定期試験の際には優等生による講談、口述問答、理化学実験などが公開でおこなわれたり、成績優秀者に対する表彰がおこなわれたりしていた。この優秀者の学習成果を報告する場が、「学芸会」の起源とされる。

しかし、明治二十年代（一八八七―九六年）に「学年制」に移行し、試験制度が定着すると、知育偏重などの弊害も指摘されるようになる。一九〇〇年の小学校令施行規則によって試験制度は全廃され、試験を伴わない、児童の平素の学習成果を発表する学習発表会（名称は「学芸練習会」「教科練習会」「学業練習会」「温習会」「児童談話会」など）がおこなわれるようになった。

大正期に入ると、個性や自発性を重視する当時の新教育運動の影響によって、児童の自治活動や協同を基本にした学級生活や学校生活などの教科外の諸活動も注目されるようになる。学芸的分野では、お伽噺や児童劇が成立したこともあり、全国各地で劇を取り入れた学芸会がおこなわれるようになった。これらによって、学芸会は、朗読、唱歌、談話などといったそれまでの比較的静的な内容から変化をとげることになる。

その後、文部省の方針もあって学校劇は一時停滞し、学芸会では作品の展示や教科朗読などの内容を扱わざるをえなかったが、昭和十年代（一九三五―四四年）には、教科の劇化と、時局に適合した演目の上演が推奨されたこともあり、学芸会は復活する。

いずれにしても、戦前期には学芸会は運動会と並ぶ娯楽として、地域の人々に開かれた一つの祝祭だった。

また、学校を通じた西洋文化の流入は、児童・生徒の自主的な「発表」の機会ももたらした。戦前期の旧制中学校では、学科課程で音楽教育は基本的に軽視されていたが、ごく一部の中学校では、唱歌教員が置かれていた。そして、一九〇〇年ごろから音楽教育の一環として校友会に音楽部が創設され、同部の生徒たちは、学校行事などで演奏を披露した。表1は、一九一四年に東京府立第三中学校「学友会雑誌」に掲載された、学友会の音楽プログラムと、各演奏に対する生徒同士の批評コメントである。当時の中学生なりに「舞台―聴衆」という意識が芽生え始めていることがわかる。

## 「発表」の場としての公会堂

「学校」と同様に、表現活動に直接携わっていなくても、わたしたちが「発表」と聞いて連想しやすい場所として、文化ホールなどの公立文化施設をあげることができるだろう。このような舞台芸術を意識し、その上演を主たる目的として設計された「文化ホール」の源流は、大正後期から昭和

表1　東京府立第三中学校学友会音楽プログラムとそれに対するコメント

| プログラム | コメント |
|---|---|
| 1、開会の辞 | |
| 2、ピアノ連弾<br>3年　O1<br>4年　O2 | O1君が第一奏部僕が第二奏部でピアノの前に座った。「キー」に手が触れるとO1君の巧みな音は講堂の空気をふるわせた。曲が終わって椅子を離れて皆の拍手を聞いた僕は心中うまくいったと思った。一緒に弾いておる私の考えを云うともうすこしおちついてほしかった。 |
| 3、合唱「秋の山路」<br>第1学年生徒 | 私には一番よいと思われた。やさしい美しい声でメトフェッセル氏作曲の合唱が歌われた時人々はただうっとりとしていた。或は高く低く或は強くどこからどこまでも作者の気分にかなっていたように思われた。此れ等の歌手があるかと思うと吾が音楽部の未来もたのもしく思われた。 |
| 4、ヴァイオリン合奏<br>3年　I1<br>4年　I2 | I1君とI2君のヴァイオリンは人々が期待していた。両者がステージへ登ると大層な拍手がおこった。しかし其の期待は幾分ずれたように思われた。音に力がなかったが兎に角中ごろまでは成功したが終になっての調子や拍子にくるいが起こった。聞いていた僕は思わず顔を赤らめた。然し両君の熱心はうれしく思われたがいますこし力を入れてもらいたかった。 |
| 5、合唱「造化のわざ」<br>第2学年生徒 | 2年には天才的の音楽に巧みな人もいるので頗る上手にいった。爾後一層の奮励を切に望む。 |
| 6、三部合唱「灯台」「旅の夜」<br>第3学年生徒 | やりにくい三部合唱は3年級諸君の熱心なる努力によって成功した殊に旅の夜に於いては諸君の努力が充分表れていた。 |
| 7、合唱「浦のあけくれ」<br>音楽部員一同 | O3君の独唱で始まった、次に三部合唱其の次にK君の独唱其れから三部合唱という順でS君の独唱其れから三部合唱で終わった、殊にS君K君の独唱は力が充分入っていた様で吾々は実に満足であった。 |

注：生徒名はイニシャル化した
（出典：古仲素子「1900年代―1910年代における旧制中学校の音楽教育――東京府立第三中学校学友会音楽部の活動に着目して」「音楽教育学」第44巻第1号、日本音楽教育学会、2014年、21ページ、表1・2を簡略化）

初期に、東京・大阪・名古屋などの大都市に建設された公会堂に求めることができる。(4)音楽を例に考えると、洋楽導入期には、鹿鳴館（一八八三年完成）や東京音楽学校奏楽堂（一八九〇年）といった演奏会場が用いられたが、明治二十年代（一八八七―九六年）ごろから、より多くの一般市民が気軽に音楽を聴ける場所を求める議論が活発になった。さらに大正期以降、娯楽だけでなく政治集会の場を求める声も各地で高まり、大正から昭和初期に、日本各地で集会・娯楽のための施設として公会堂が建設される。都市部の公会堂は、皇室の権威を借りながらも、政治家や経済人らによって、広く市民一般を対象とする形で建設が進められていった。それは市民への教育的意図と都市の権威の誇示といった要求に支えられたものだった。公会堂は、集会や娯楽事業を通して、市民が政治的・文化的な知を集団的に享受するメディア空間としての機能を果たすことになった。

例えば、一九二九―四四年の日比谷公会堂の催事内容を「娯楽の会」「講演会」「講演と余興」「式典」「集会」「スポーツ・ショー」に分類して、これらの開催回数をみると「娯楽の会」が圧倒的多数を占めていた（図1）。ここでいう「娯楽の会」とは、交響楽演奏会、軽音楽演奏会、ピアノ独奏会、ヴァイオリン演奏会、独唱会、映画会、舞踊と映画、演芸会、日本舞踊、邦楽演奏会などである。「公会堂」は今日の公共ホールの源流であるとともに、教育機関としての理念と、娯楽機関としての実態の乖離という問題系の源流でもある（本書第3章、歌川光一「社会教育・生涯学習行政と地域アマチュア芸術文化活動」を参照）。

戦後になってからは、神奈川県立音楽堂（一九五四年）、東京文化会館（一九六一年）の建設にみられるように、舞台芸術を意識した本格的な文化ホールが登場するようになってきた。そして、一

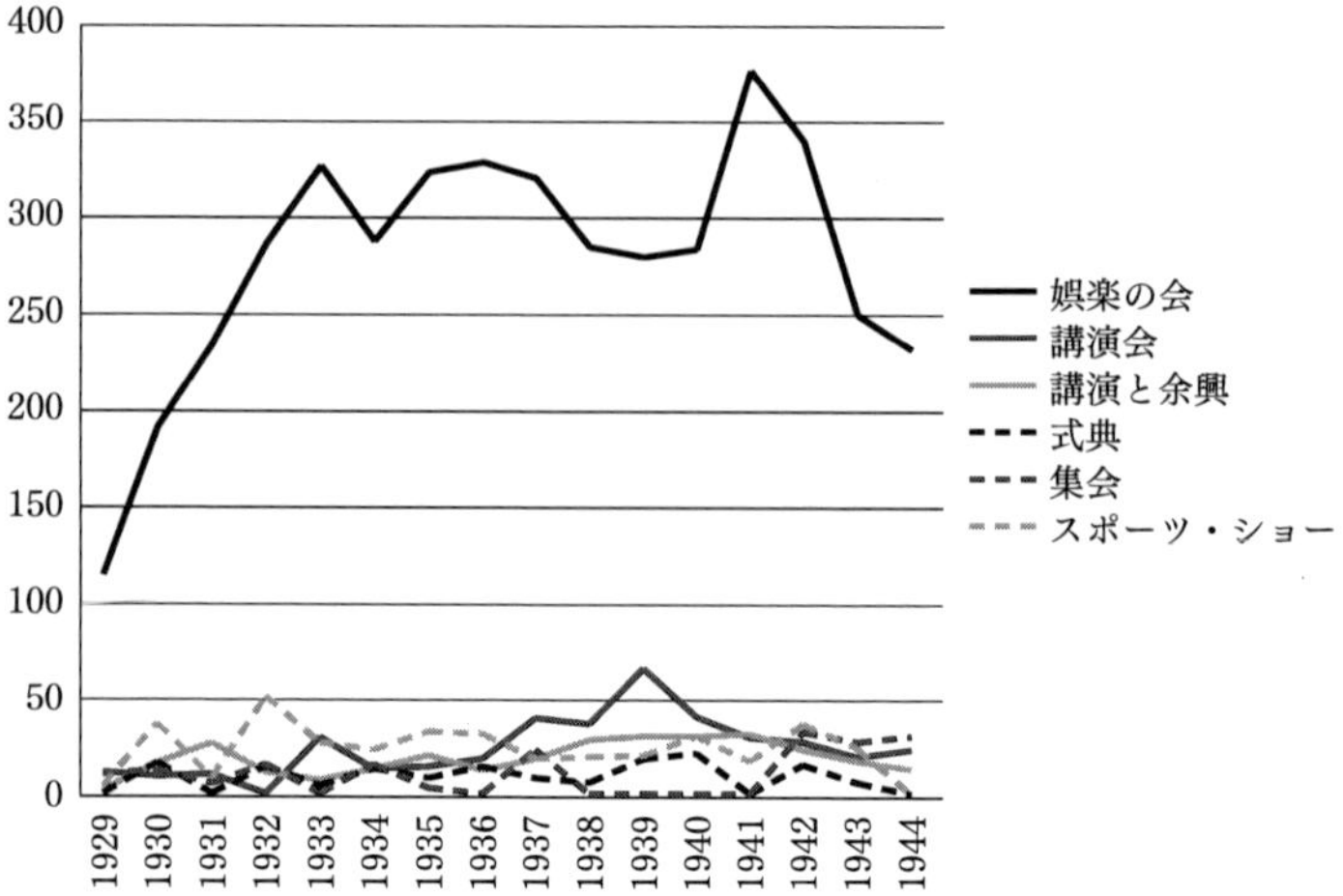


図1　日比谷公会堂で開催された催事（1929-44年）
（出典：新藤浩伸『公会堂と民衆の近代――歴史が演出された舞台空間』〔東京大学出版会、2014年〕183ページの表3・4をグラフ化〔戦後部分は省略〕）

九七〇―八〇年代にかけて、地方自治体で文化行政に力が入れられるようになったこともあり、公立文化ホールの整備が急速に進んでいく（本書第5章、氏原茂将「発表会が照らす公共ホールの役割」を参照）。

## 家元制度と発表会――遊芸のその後

近世以前から発達していた伝統芸能の多くは、家による継承、流派の形成を通して弟子を拡大し、いわゆる「家元制度」によってその活動を現代まで継承・発展させている。[5]家元制度は、「生活のための専門職人たるものではなく、いわば趣味として、生活の余技、あるいはたしなみとして教えたり習う」文化領域に成立するもの[6]と位置づけられる。

家元制度は、幕藩体制のもとで経済的・文化的に力を蓄えた新興町人や富裕農民層を基盤に形成された制度だが、芸能についてはその歴史は古く、古代（奈良・平安時代）には、歌学・雅楽などの分野にその原型がみられるという。近世になると、①十七世紀前半の寛永期に武家文化（武芸・遊芸）にかかわる家元が普及、②十八世紀前半の享保期に、技芸教授権が家元から名取弟子に移行し、多数の弟子を整然と組織する家元制度が成立、③十九世紀前半の文政期に、より広汎な文化領域に浸透、という過程を経て、家元制度は確立した。

現在の家元制度について、地歌・箏曲の例をみてみよう（図2）。家元の下に師匠が育成され、師匠が弟子をとるという階層システムが形成され、家元組織のなかに社中組織が形成される。社中組織内では、教授や実演をおこなうことができる。現在の家元は、家元が弟子に対してすべてを伝承しない不完全相伝を採用していて、免状の発行権は家元だけが有する（表2）。このことで、家元は直接教授をしていない弟子の数などをコントロールすることができ、家元・師匠は、教授する弟子からの免状取得費用、稽古のために支払われる月謝を通して収益を得ることになる。

一方、地歌・箏曲の家元組織では、家元は実演にかかわる公演や創作の許可権などは有さず、実演は各師匠の判断で自由におこない、弟子は師匠の判断で舞台に上がることができる。師匠はたいていの場合、成果発表会などの実演の場を用意していて、そこに発生する費用については弟子が負担する。

温習会などの成果発表会の実施理由は、弟子の練習に対する動機づけの付与と技芸の向上、社中活動の宣伝である。後者に関しては、特に邦楽の場合、観客にとって温習会が初接触の機会になる場合が多いので、結果として社中の宣伝を兼ねることを意味している。

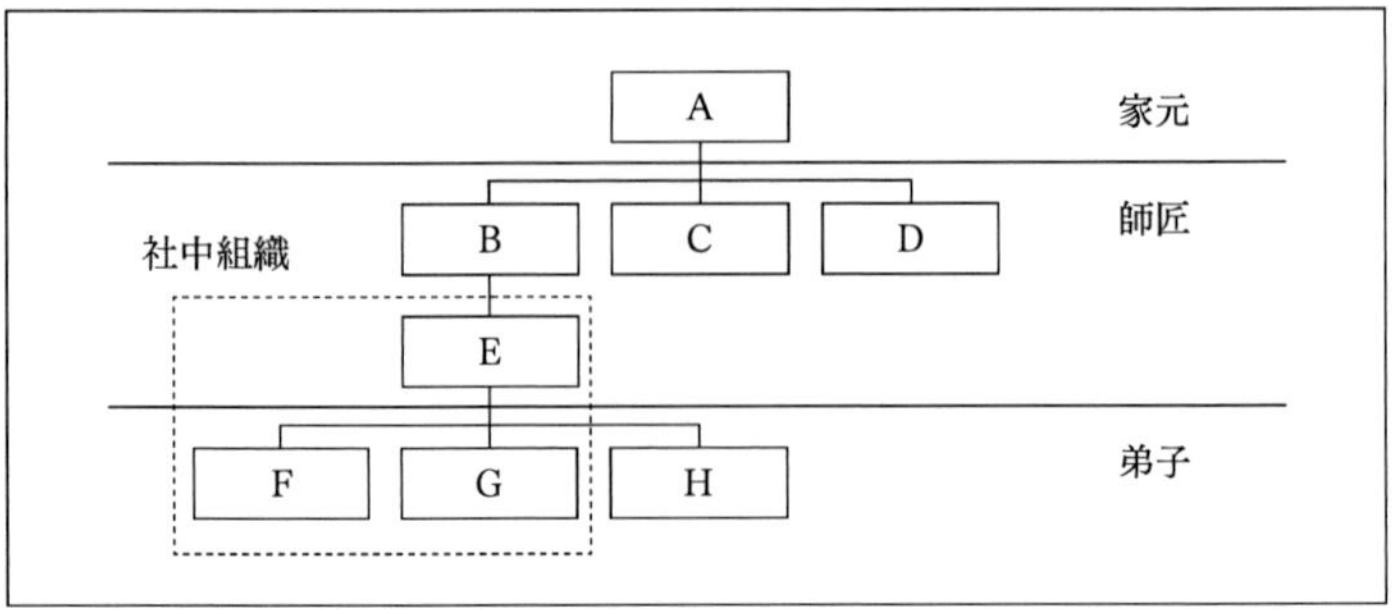


図２　邦楽の家元制度の組織図
（出典：前掲「伝統芸能における実演家組織の収益システム」26ページ、図２を簡略化）

表２　地歌・箏曲の一般的な免状の段階の例

| | | | |
|---|---|---|---|
| | | 大師範 | |
| 三弦の免許 | 箏の師範免許取得後、三弦の免状を取得する | 三弦師範 | 三弦の教授資格が加わる |
| | | 三弦相伝 | |
| | | 三弦皆伝 | |
| | | 三弦奥伝 | |
| | | 三弦中伝 | |
| | | 三弦初伝 | |
| 箏の免許 | 師範免許取得まで最低5年 | 師範 | 箏の教授資格を得る |
| | | 相伝 | |
| | | 皆伝 | |
| | | 奥伝 | |
| | | 中伝 | |
| | | 初伝 | 最初の免状 |

（出典：同論文27ページ、表１を転載）

このように、末端の弟子は稽古のための月謝、免状取得費用、実演にかかわる費用を負担する（本書第9章、早稲田みな子「アメリカの発表会」を参照）。

家元制度は、家元、師匠、弟子だけに開かれた社会であるがゆえに、一般社会では何かしらの点で抑圧を感じる人々がこの体制に加わることで、技能習得に適する環境が保証されるだけでなく、家元組織の一員として認知され、自己解放をとげる機能があるとされる。西山松之助は、近世の封建制下で、町人や農民が芸名（雅号、俳号）を名乗ることを可能にすることによって、身分上の桎梏から自己解放される、という行動文化論を強調したことで知られる。

これを受け、加藤恵津子は、社会学的な観点から、戦後の女性の茶道ブームについて、主婦にとって茶道の習得が（夫や子どもが「〔収入から来る〕経済資本」と「〔学歴から来る〕文化資本」を所有するのに対して）、①「〔伝統的権威についての「勉強」から来る〕文化資本」と②「〔家元などの伝統的権威へ近づくことから来る〕象徴資本」の獲得につながったことを指摘している。つまり、家元制度が主婦の自己解放に寄与したという。[7]

その半面、家元の権威による経済的搾取が創造的営為を阻む、という見方もある。この見方は第二次世界大戦後、封建遺制批判として展開された。例えば、民芸運動を展開した柳宗悦は、「「茶」の病い」という論文のなかで次のように述べている。

民主主義の今日にあって、最も呪われているのは封建制度である。（略）日本の社会に大手をふってそれを行っているものが二つある。少なくともこの二つは封建制度の典型的なものといってよい。一つは真宗本願寺に見られる東西大谷家を中心とする法主制度で、他の一つは家元、特に表裏千家を中心とする封建制度である。(8)

このように、家元制度は、アマチュア芸術文化活動家にとって二面性をもつが、いずれにしても家元制度は、近代化以後も日本社会全体に広がる組織原理（「イエモト」）といえる。イエモト的人材育成や発表会のシステムが、現代のピアノ教室やバレエ教室などの西洋芸術の習い事、そしてライブハウスにもあてはまることは、本書でも明らかにしていく（本書第2章、佐藤生実「習い事産業と発表会」、第8章、宮入恭平「発表会化するライブハウス」を参照）。（歌川光一）

## 5 芸術・芸能の発表会とは何か

「発表会」にかかわる歴史的な展開をふまえ、現在の状況を考察するために、ここで改めて発表会の定義を検討しておきたい。本章で「発表会」とは「（アマチュアである）出演者自らが出資して出演する、興行として成立しない公演」を意味する。そのことを敷衍すると次の三つの要点が浮かび上がってくる。

①「発表会」の出演者はそれを生業にしていない。芸で身を立てている芸人ではなく、あくまで余

技であり趣味であり道楽としてその芸能に携わっているのである。アマチュアamateurという言葉がもともと「愛する人」の意であるように、発表会はその活動を純粋に愛してやまない人々の集いだといえる。発表することは生業とは別の世界での生きがいとなる。発表会がめざすものは、労働生活とは区別された文化生活での一定のステイタスを得ることなのである。

②芸能が発表されるという点からみると、先にも述べたように発表会は古くからおこなわれている祭りの延長上にとらえられる。伝統的な社会で歌や踊りは人々が生きる共同体の結束を確認する営みとして不可欠なものだった。しかし、祭りで重要なのは参加する一人ひとりの芸ではなく、それらが集められ融合されて生み出される集団の活力にあった。個々人は共同体のなかに溶け込んで一体となり、全体が統合されて美と感動が生み出される。ところが発表会では、大きな営みに個人が埋没するのではなく、表現することへの個人的な志向が前面に押し出される。発表会は個の自覚が前提となるという点で、個人が全体から分離してくる近代の所産であり、近代化された祭りというべきものである。

③発表会での個人は、自らの芸を発表することによって、聴衆や観衆の承認を、さらには賞賛を得ることを求めている。そのことの意味は、発表会を無事に務め上げることによって、発表者がその主題である文化活動の担い手としての社会的承認を受けるというところにある。その背景には、日本の近代がそれ以前の時代からの連続的な発展ではなく、西洋の近代を接ぎ木したものであり、文化もまたそれにならったという特殊日本的な事情がある。接ぎ木の出来栄えが鑑賞に堪えるものであることを確かめ、西欧風文化を身につけた近代人であることを相互承認する場として、発表会は

欠かせない文化装置になっていったのである。

（薗田碩哉）

注

（1）鶴見俊輔『限界芸術論』勁草書房、一九六七年、八ページ
（2）同書六ページ
（3）西本佳代「戦前の特別活動」、山田浩之編『特別活動論』（「教師教育講座」第八巻）所収、協同出版、二〇一四年、二三―三七ページ、藤本佳奈「学芸会・文化祭」、同書所収、八三―九五ページ、参照
（4）新藤浩伸『公会堂と民衆の近代――歴史が演出された舞台空間』東京大学出版会、二〇一四年、草野滋之「文化ホール」、社会教育・生涯学習辞典編集委員会編『社会教育・生涯学習辞典』所収、朝倉書店、二〇一二年、五四六ページ、参照
（5）森田晃一「家元制度」、福田アジオ編／綾部恒雄監修『結衆・結社の日本史』（「結社の世界史」第一巻）所収、山川出版社、二〇〇六年、一三五―一四七ページ、八木匡／臼井喜法／高島知佐子「伝統芸能における実演家組織の収益システム」「文化経済学」第九巻第一号、文化経済学会、二〇一二年、二三―三二ページ
（6）西山松之助『家元の研究』（「西山松之助著作集」第一巻）、吉川弘文館、一九八二年、一七ページ参照
（7）加藤恵津子『〈お茶〉はなぜ女のものになったか――茶道から見る戦後の家族』紀伊國屋書店、二〇〇四年

(8) 柳宗悦、戸田勝久編・解説『茶と美』講談社、一九八六年

## 参考文献

池上英子『美と礼節の絆――日本における交際文化の政治的起源』NTT出版、二〇〇五年
川島武宜『イデオロギーとしての家族制度』岩波書店、一九五七年
今野敏彦『「昭和」の学校行事』日本図書センター、一九八九年
倉田喜弘『芝居小屋と寄席の近代――「遊芸」から「文化」へ』岩波書店、二〇〇六年
増川宏一『日本遊戯史――古代から現代までの遊びと社会』平凡社、二〇一二年
西山松之助『現代の家元』(フロンティア・ライブラリー)、弘文堂、一九六二年
野川美穂子「明治期の三曲の演奏会について――「音楽雑誌」掲載記事を中心に」「東京芸術大学音楽学部紀要」第十七巻、東京芸術大学音楽学部、一九九一年、四五―八四ページ
大野加奈子「書道界の制度と力学――現代日本の書道会と展覧会活動についての考察」「文化人類学」第七十二巻第二号、日本文化人類学会、二〇〇七年、一六五―一八七ページ
山本信良／今野敏彦『近代教育の天皇制イデオロギー――明治期学校行事の考察』新泉社、一九七三年
山本信良／今野敏彦『大正・昭和教育の天皇制イデオロギー』全二巻、新泉社、一九七六、七七年
吉見俊哉／白幡洋三郎／平田宗史／木村吉次／入江克己『運動会と日本近代』(青弓社ライブラリー)、青弓社、一九九九年

第2章

# 習い事産業と発表会

佐藤生実

## 1　私的な発表会体験から

「発表会」と聞けば、習い事の発表会を連想する人も多いのではないだろうか。わたし自身も、八歳から二十代半ばまでピアノを習っていたあいだは、たびたび発表会に出演した。幼少のころは、習い事をするうえで当たり前の行事としてそれはあり、参加することになんの疑問も抱かなかった。それでも一万円程度の発表会参加費を親が支払っているのを見て、なんとなく申し訳なく思ったことを覚えている。たった三分間、スポットライトを浴びるだけだというのに。

そうした違和感は、二十歳を過ぎて自分で月謝を支払うようになったときに強く意識されるようになった。大学院や仕事のかたわら、なんとなくレッスンに通っていたころのことである。「発表会があるから、何を弾くか決めようか」と、先生は、わたしが発表会に参加することを前提に話を進めだした。時間的余裕がそれほどなく、これまで発表会を楽しいと思った経験がなかったわたしは、「練習する時間がないし、あまり発表会自体に興味がないですねぇ」と素直に答えた。すると先生は、「あなたみたいに、長く続けていてそこそこの大曲を弾ける人ってあんまりいないのよ。何ちびっこたちの見本や憧れになるからぜひ出てくれないと！」と、半ば懇願するように言った。何度かそんなやりとりをへて、わたしはしぶしぶ参加を了承したのだが、「お願いされていやいや出るというのに、参加費を払うのか……。むしろギャラが欲しいくらいだ……」と、ふと思ってしま

図1　筆者が聴衆として参加した社交ダンスの発表会。横浜の某ホテルの大広間で

った。もちろんギャラはもらえず、安くはない参加費を払って、わたしは子どもたち（とその親）の前でピアノを演奏したのだった。

これに懲りたというわけではないが、それ以来ピアノのレッスンをやめてしまったので、演者として発表会に参加することはなくなった。そのかわり、知り合いの発表会に誘われることが増え、何度か聴衆として参加するうちに、また発表会に対するもやもやとした思いが意識されるようになってきた。

ある社交ダンスの発表会に招待されたときのことである。それはホテルの大広間を借り切っての発表会で、広くとられたダンススペースの周りには、テーブルがいくつも配置されている。招待客はそこでコース料理を楽しんだあと、生徒らのダンス、指導者らのデモンストレーションダンス、さらにはテレビ番組でおなじみだという有名ダンサーによるスペシャルダンスを鑑賞する。一円も払うことなく。

そこでわたしは、ある生徒への花束贈呈をおおせつかった。わたしにとっては友人でも親戚でもない、見ず知らずの人に花束を渡せというのである。よく状況が飲み込めずにとまどっていると、わたしを発表会に招待してくれた知人が「あの方、いつも誰からも花束をもらえないから、かわいそうで。同じ生徒から贈るのもなんだから、あなたが渡して」などとあまり釈然としない説明をしながら、無理やりわたしに花束を押し付けてきた。その花束の代金も、わたしが食べたステーキの料金も、わたしが見たプロのダンサーの出演料もすべて、わたしを発表会に招待してくれたその知人ら生徒たちが支払っているのだ。たった三分間、スポットライトにあたるために。

この社交ダンスの発表会の例は極端かもしれない。しかし、ヒップホップやジャズ系のダンスの発表会でも、衣装や十分な広さと設備が整った会場が必要となるため、参加費は三万円から五万円程度になると聞き、驚いた。また、あるヒップホップダンスの発表会では、鑑賞のためにチケットを購入しなければならなかったのだが、生徒には参加費とは別にチケット販売のノルマが課せられていた。もちろんさばけなければ、それはまるまる生徒の負担になる。

半ば強制的に参加がうながされ、その際に参加費（＋α）が必要になる発表会。（わたしのように）不満を抱く者もいるが、習い事業界では、こうした発表会が揺らぐことなく存在しているのもまた事実である。つまり発表会は、習い事を取り巻く人々にとって「必要」なイベントなのである。

本章では、「練習した成果を、参加費を払ってまでも、家族・知人に見ていただくもの」である発表会が、誰にとってなぜ必要であるのかを、特にピアノ、あるいはバレエやダンスの習い事に焦点を当てながら確認する。(1) そのうえで、「発表」がさまざまなかたちでできるようになった現在、既存の発表会と少しずれた形式でおこなわれる発表会を概観し、今後の発表会の行く末について検討したい。

## 2　子どもの習い事の実際

ピアノやバレエといった芸術表現関係の習い事をしていると、かならずおこなわれる「発表会」。それは、習い事であまりにも慣習化されたイベントであるため、「なんとなく」参加してきた人も多いかもしれない。そこでまず、発表会は習い事でどのような意味をもつのかを、子どもの習い事を中心に考えてみたい。その際、発表会の登場人物――演者／生徒（パフォーマー）、聴衆／身内（オーディエンス）、そして指導者／主催者（オーガナイザー）――それぞれの立場の視点が必要になるだろう。わたしはこれまでに、演者、聴衆の立場から発表会を眺め、また指導者へのヒアリングもおこなってきた。そこから得た経験と知見をふまえながら、発表会にアプローチしたい。

### カリキュラムの一つとしての発表会――参加の義務と参加費

習い事をしていくなかで、発表会への参加は半ば強制的にうながされる。というよりも、特に大手企業の音楽教室やダンススクールの場合、発表会は年間スケジュールにあらかじめ組み込まれていることが多い。例えば、音楽教室の最大手であるヤマハ音楽教室の基本会則には、「レッスンの進度に応じて各種コンサートや発表会にご参加いただいております(2)」との記載があるし、バレエダンサーの熊川哲也が主催するバレエスクール「K-BALLET SCHOOL」でも、「年一回の発表会参加はカリキュラムの関係上必須[3]」となっている。また個人のピアノ教室でも、発表会は定期的におこなわれることが多い。わたしは幼少期と成人してからと、異なる指導者のもとで個人レッスンを受けていたのだが、どちらでも発表会への参加希望の有無が問われることはなかった。大手音楽教室と異なり、個人教室では特に会則があるわけではないのだが、指導者が「そろそろ発表会だから、曲を決めましょう」と言えば、生徒はそれに従うのである。

こうした半ば「当たり前」とされている発表会でしばしば問題となるのは、その参加費（の高さ）である。ピアノの発表会では五千円から二万円程度が一般的だが、そろいの衣装や舞台装置に費用がかかるバレエやダンスでは、数万円単位の参加費が必要になる。ピアノの発表会の参加費を例にとれば、その内訳の大半は会場費だ。会場費には、ピアノやマイクなどのレンタル代、ピアノの調律代、照明代などが含まれ、さらに花束（記念品）代や写真撮影費用、パンフレット作製費用、CD録音料金などの各種オプション費用がプラスされていること[4]が一般的だった。

記念品も写真もCDも不用だと感じていたわたしは、個人でピアノ教室を営むK氏に、「発表会を手作りでおこなうことはできないのか」と尋ねたことがある。極端な話ではあるが、ピアノさえあればそれで事足りるのではないか、と思ったのだ。しかし、まず返ってきた答えは、「ピアノがあって、音響設備が整った会場は非常に少ない[5]」というものだった。さらに、「カメラマンを雇ったり、アナウンスを頼んだり、花を買ったり、といった作業を一人で行うのは大変なので、写真やアナウンス、照明、花、パンフレット印刷、録音メディア料金などをすべて含んだ「お得パック」

を提供している会場にまかせるのが、結局のところいちばんいいということになる」[6]と続けた。

Ｋ氏のこのコメントには「発表会とはこうあるべき」という前提が存在しているが、ピアノがあり音響施設が整った施設の多くが、こうした「パッケージ化された発表会プラン」を提案しているのであれば、個人のピアノ教師がそれにならうのも無理はないかもしれない。しかし、こうした発表会プランを選択しても料金がかさみ、指導者自身が一部費用を持ち出すこともあるという。となると発表会は、指導者にとっても「参加費を払ってまでも、見ていただくもの」という要素があるといえる。[7]もちろん「見ていただく」対象は、もっぱら生徒のスポンサーである親（親戚）である。子どもの習い事の発表会は、親が子どもの練習の成果、つまり指導者の力量を確認するための場でもあり、指導者にとっても「発表」の場であるというわけだ。

このように、発表会は単に生徒がパフォーマンスするだけの場ではない。生徒と指導者が「教える―習う」関係で結ばれている以上、発表会は少なからず、生徒＋指導者によるパフォーマンスの場だといえるだろう。習い事で親を満足させる場を作ること。こう考えれば、発表会は指導者にとっても義務的なものだといえる。

### 「つながり」としての発表会――「縁」と協調

発表会が指導者にとっても義務であるとはいえ、生徒には参加費とは別に、指導者への謝礼やプレゼント代が発生することもある。こうした慣例を禁止する大手音楽教室もあるが、ネット上のＱ＆Ａサイトでは「指導者へのお礼」の是非に関する質問が散見される。そうした疑問に答えるかたちで、ピアノをはじめとした個人レッスン受講の総合サイト「Cyta.jp」では指導者への謝礼に関するマナーが解説されているが、そこでは「行事の指導のお礼にはある程度の謝礼を」として、発表会のさいは指導者に一万円程度の商品券を贈ることが推奨されている。[8] いわく、「発表会やコンクールの前には先生も特に力を入れて指導して下さいますから」とのことだが、こうした指導者―生徒の関係には、家元制度での師―弟子の関係性を彷彿とさせるものがある。つまり、発表会は習い事のカリキュラムの一つであるにもかかわらず、そこに指導者へのお礼（あるいは感謝）が発生するという構図が両者には共通している。[9]

そのさい問題になりがちなのは、習い事での「つながり」だ。あるダンス教室の集団レッスンで、謝礼の是非をめぐって生徒同士が争っているのを間近で眺めたことがある。集団ともなれば、いわゆる「家元制度的」価値観で指導者をとらえている者もいれば、そうでない人もいる。ヒップホップやジャズといった欧米のポピュラーなダンスの教室であればなおさら、そうした慣例に批判的であるどころか、それを慣例として認識していない者がいるのもうなずけるだろう。とはいえ、誰か一人がプレゼント代を払わないのも、誰か一人だけが（こっそり）謝礼を贈るのも、生徒たちの人間関係では歓迎されないことなのだ。

指導者や教室からうながされてというだけでなく、生徒間、というよりもそのスポンサーである親たちのあいだに漂う一種の同調圧力が、発表会の参加を義務化している部分もあると考えられる。特に日本では、団体でパフォーマンスするバレエやダンスはもとより、ヤマハやカワイといった大手ピアノ教室でもグループレッスンを展開している。例えばヤマハ音楽教室では、グループレッスンのメリットとして「お友だちどうしの刺激」「達成感の共有」のほか、「自分の役割を考えることで責任感や社会性、協調性が生まれ[10]」ることをあげている。グループレッスン内での役割や協調性はそのまま、発表会での役割や、発表会（の参加）に対する協調性に接続されていく。発表会に参加する、あるいは発表会での振る舞い――例えばそろいの衣装を身に着けるか否か――は、生徒個人の問題ではないというわけだ。

このような「協調性が育まれる」というグループレッスンは、ヤマハ音楽教室の特徴、つまり日本のピアノレッスンの特徴の一つである[11]。また、ヤマハ音楽教室の幼児科（小学生未満）では、グループレッスンとともに「保護者同伴」もその特徴[12]としてあげられているが、この「保護者同伴」というシステムもまた「ママ友」という独特な関係性を築き上げ、ある種の協調を強いる。発表会への参加、あるいは発表会での花束やプレゼントのやりとり。誰がどんな花を誰に贈るのか、「誰がいちばん花束を多くもらうのか[13]」。

こうした、発表会を軸としたママ友同士の付き合いは、発表会に誘い／誘われるというやりとりのなかでも発生する。インターネットのQ＆Aサイトでの発表会に関する質問でも、招待された発表会で何をプレゼントすればいいか、金額はどの程度が好ましいかといった話題が常にあがっている。花束やプレゼントは、受付脇に設置された「プレゼント専用」の台に並べられることが多いが、それだけに「誰が何を贈ったか」あるいは「誰がもっともたくさんプレゼントを獲得したか」が明らかになりやすいため、気になる人が多いのだろう[14]。

上野千鶴子は一九八〇年代後半におこなった調査を通じて、血縁・地縁・社縁とは異なる場所で選択され築き上げられる女たちの人間関係を「女縁」（選択縁）と定義し、その縁を楽しんでいる女たちを「えんじょいすと（縁女イスト）」[15]としてポジティブに描き出したが、子どもの習い事／発表会によってつながる「縁」は、地縁ではないが完全なる選択縁ともいいがたいつながりである。自らが積極的に選択したわけではない曖昧なつながりだからこそ、ある種のわずらわしさを抱え込まざるをえない[16]し、また、当時上野が観察した生き生きとした「女縁」と現在のそれとでは、内実は大きく異なっている[17]。しかし、こうしたつながりが女たちの活動の場、あるいはコミュニケーションの場であるということには変わりはないだろう。その点を考えると、発表会は演者同士、あるいは聴衆である演者の親同士の「付き合い」や「つながり」を確認する場の一つとして機能しているとも考えられる。

## 目的としての発表会——習い事の普及と一般化

ここまでは少し、発表会の周辺をなぞりすぎていたかもしれない。そもそも、習い事をすることにおいて、発表会はどのような意味をもつのだろうか。ピアノ教師のK氏に、「なぜ発表会が必要なのか」と直球の質問をしたことがある。すると、「生徒たちにとっていい経験・思い出になるから。漫然とレッスンをするだけでは、生徒にもハリがでない」という答えが返ってきた。日々のレッスンといった日常のなかに、発表会という非日常的な場を挿入することによって、生徒のヤル気を出させるというわけだ。では、日々のレッスン＝習い事とはいったいなんだろう。さらに回り道になるかもしれないが、習い事について改めて少し考えてみたい。

発表会という「ハレの場」を必要とする習い事。確かに、「レッスン（練習）」は一般的に、何らかの目標に向かってなされるものだろう。ピアニストになりたい、バレリーナになりたい、ダンサーになりたい……。そうした目的（目標）のためにレッスンに励むことは、構図としてとてもわかりやすい。例えば欧米では、ピアノを所持することや学ぶことは、基本的には中産階級の文化資本であるため、特定の階層の人々がその階層にあったテイストを身につけるか、プロをめざすといった、明確な目的のためにレッスンを受けることが一般的だ。[18] ロシア（旧ソビエト連邦）のように、クラシック音楽やバレエが国の重要な文化資源であり、国策としてピアニストやバレリーナたちを厳しく育ててきた国もある。階層のテイストを身につけるためにせよ、職業訓練であるにせよ、欧米でレッスンを受ける者は相対的に限定される。

もともと日本での習い事（稽古）も、武士の武術や芸妓の芸事、あるいは女のたしなみといったように、職業訓練的ないしは文化資本を身につけるためにおこなわれていた。これらはいまでも、「伝統」的な稽古事として人々に学ばれている。しかし欧米化が推し進められていく近代以降、ピアノやバレエ、あるいは社交ダンスといった欧米の文化は、「欧米化」の記号として輸入され、そして「欧米的身体」を獲得するために誰もが学べる文化として一般化していく。[19] 階層の違いがみえづらく、海外のあらゆる文化の意味をフラット化して取り入れて独自に消費することが得意な日本では、――高級ブランドが階層の違いを超えて消費され尽くされたように――ピアノやバレエも、大衆文化として一般的に普及するにいたっている。

特にピアノは、幼児・学校教育との結び付きや、ヤマハやカワイといった大手楽器メーカーによ

1970年４月３日付

1965年４月30日付

1970年３月22日付

1989年３月16日付

1976年６月19日付

図２　「朝日新聞」でのヤマハ音楽教室の広告（1989年以外はすべて朝刊）。いずれも７段（片面半分ほど）以上を占める大きな広告となっている

る音楽教室の全国展開化が、ピアノ人口を伸ばした。システム化されマニュアル化された習い事教室の登場によって、全国で誰もが同じようなレッスンを受けられるようになったというわけだ。

つまりこうした欧米文化の習い事は、例えばヤマハ音楽教室が理想として描いていたような「日常的に音楽、文化を奏でるため[20]」というよりも、西洋化／近代化の象徴として受け入れられ、そして文化資本の隔たりなき「一億総中流」の同一化／差異化によって広く普及・一般化した[21]。そのため、目的は欧米に比べると相対的に空虚であり、その空虚さを埋めるものとして、発表会が機能していると考えられる。

要するに日本では、しばしば発表会それ自体が、習い事をする、あるいは習い事を継続するうえでの目的にならざるをえないことが多いというわけだ。「発表会がなければ、ただ日々練習しているだけになってしまう」のだから。逆にいえば、発表会は指導者／主催者たちにとって、生徒たちの習い事を継続させるための装置だといえるだろう。生徒の目的を設定し、生徒の親（スポンサー）を満足させる機会を作ること。ヤマハ音楽教室がその発足の当初から、発表会を新規生徒獲得の場として位置づけていた[22]ように、発表会は主催者にとって、習い事ビジネスを活性化・継続化させるための一つの手段でもある。

このように発表会は、演者、聴衆、指導者の三者にとって目的化されたものだと考えられる。そしてその目的は、基本的に演者（の親）が支払う参加費によって果たされる。しかし演者の参加費によって成り立つという発表会のバランスは、演者が親というスポンサーをもつ「子ども」であるときに最も安定しているといえる。親にとってみれば習い事をさせるのは子どもの将来への何らかの投資[23]であり、だからこそその成果を確認する機会として発表会がある。しかしそのバランスは、多くの場合あまり長く続かない。

　多くの親にとってみれば、子どもの成長の確認、あるいは子どものための投資先には、習い事の発表会よりも適していると思われる場が現れる。聴衆である親の発表会に対する関心が薄くなれば、演者である子どもにとってみても、自らが積極的にその習い事に意味を見いだしていないかぎり、演奏する目的は曖昧になるだろう。「自分のパフォーマンスを望んでいる人がいる」というのが、——とりわけ子どもの習い事の——発表会の前提なのだ。だからこそわたしは年齢が上がるにつれ

アルバム代り 記念レコード

ピアノ教室発表会が最大のお客

年、25万枚の人気

町の録音屋うけにいる

図３　「朝日新聞」1970年２月20日付東京版によれば、当時のピアノの発表会では記念レコードの録音がブームとなっていて、年間20万枚もの記念レコードが作られていたという。「十数秒で弾き終る小曲も立派なレコードになる」

て、子どものときは何の疑問ももたず参加していた発表会に、違和感を抱くようになったのかもしれない。それまでは当たり前だった、わたしの演奏を喜んでくれる聴衆がいなくなったとき、改めて発表会の目的を考えざるをえなくなったのである。

## 3 大人の習い事ブーム

### 失われた夢を求めて

習い事が一般化している日本では、その目的は相対的に希薄になってしまうと述べたが、もちろん習い事が広く一般化したからこそ、国際コンクールで多くの日本人が入賞し、そしてまたそのような国際舞台で活躍する日本人ダンサー／ピアニストたちへの「憧れ」が、習い事に向かう目的の一つとなってきた。また、繰り返しその美しさ（とグロテスクさ）を描き、「バレエ・マンガ」という一つのジャンルを築き上げた少女漫画[24]の存在も見逃せない。そうした「憧れ」を軸に市場を拡大しているのは、近年たびたび話題にあがる「大人の習い事」だ。

かつて習い事といえばその中心は子どもだった。日本では「ピアニスト、あるいはバレリーナになる」といった明確な目標が設定されるわけではなくても、習い事をする（させる）のは、未来に対する何らかの投資と考えられたからである。事実、「ヤマハ大人の教室」の前身として一九八六年にスタートした「ヤマハポピュラーミュージックスクール」の当時の受講者は、「大人」という

表1　ヤマハ音楽教室の規模（2013年6月現在）

| | 生徒数（人） | 講師数（人） | 会場数 |
|---|---|---|---|
| 子どもの教室 | 350,000 | 10,000 | 3,800 |
| 大人の音楽レッスン | 110,000 | 4,800 | 1,400 |
| 音楽教室全体 | 460,000 | 13,000 | 3,900 |

（出典：ヤマハ音楽振興会ウェブサイト〔http://www.yamaha-mf.or.jp/t-audition/sys/school/〕［アクセス2014年11月11日］）

表2　習い事の市場規模

| | 2012年度 | | 2013年度 | |
|---|---|---|---|---|
| | 受講料（単位：億円） | 構成比 | 受講料（単位：億円） | 構成比 |
| スポーツ教室 | 6,300 | 31.7 | 6,380 | 32.0 |
| 日本文化教室 | 3,404 | 17.1 | 3,347 | 16.8 |
| 英語教室 | 2,965 | 14.9 | 3,029 | 15.2 |
| アート教室 | 2,580 | 13.0 | 2,592 | 13.0 |
| ダンス教室 | 2,310 | 11.6 | 2,282 | 11.5 |
| 音楽教室 | 1,104 | 5.6 | 1,075 | 5.4 |
| 料理教室 | 580 | 2.9 | 577 | 2.9 |
| 美容・健康教室 | 371 | 1.9 | 358 | 1.8 |
| パソコン教室 | 170 | 0.9 | 159 | 0.8 |
| 多国語教室 | 107 | 0.5 | 100 | 0.5 |
| 合計 | 19,891 | 100.0 | 19,910 | 100.0 |

（出典：矢野経済研究所による「お稽古・習い事サービス市場徹底調査2014」を参照して作成。資格取得やプロフェッショナル養成のための専門学校は含まない）

よりも学生がほとんどだったという。しかし現在では、習い事は会社勤めの女性や定年退職者たちにも広がって、「ヤマハ大人の教室」の受講者は年間十一万人にものぼり、その平均年齢は四十五・五歳に達している。[25]

一九七〇年代の主婦たちによるカルチャーセンターブーム、九〇年代の雑誌「ケイコとマナブ」（リクルート）創刊以降の自分探しブーム、二〇〇〇年代から一〇年代にかけてのいわゆる「団塊の世代」のノスタルジックブーム……といった流れのなかで、習い事は次第に、日常的な自己啓発の手段として位置づけられるようになる。未来への投資だった習い事を、大人の自分探しや生きがい、そして「かつての憧れ」を取り戻すものとして普及させたのは、習い事業界の見事な戦略だったといえるだろう。

近年、大人の女性に人気が高まっている習い事のひとつがバレエである。[26] ときに「オバリーナ」とも揶揄される大人のレッスン受講者たちは、さすがにバレリーナをめざしているわけではないだろう。かつて見たマンガや映画で描かれていたバレリーナたち、そして子どものころにはかなわなかったバレエレッスン……そうしたものへの憧れを取り戻すため、彼女たちはバレエのレッスンに通うのだろう。かつては、親が子どもに習い事をさせるときに、自身の破れた夢を少なからず子どもに託してしまうことが問題とされた。しかし、いまや子どもに託さずとも、自らが自らに失われた夢を託す状況が整っているのである。そして、再び取り戻した夢をより体感できる装置として発表会はある。

とりわけダンスでは、その華やかな衣装を身に着けることが、夢の実現の重要な要素の一つである。あるベリーダンスの指導者によれば、「ベリーダンスの衣装を着たいから」といった理由でレッスンを受ける三十代から四十代の受講者が増えているという。[27] 日々のレッスンでは衣装は身に着けないので、「衣装を身に着けて踊る」ことを目的とする人たちにとって、発表会は格好の場所となるというわけだ。

## イベントとしての発表会

発表会を「憧れ」の場として大々的にふれ込み、習い事への参加をうながすというビジネスのかたちもみられるようになってきている。例えば、「東京最大級」のダンススクールであるとうたう

表３　バレエ教室における年齢別在室率

| 年齢 | 有効回答数に対する割合（%） |
|---|---|
| 3歳以下 | 21.9 |
| 4歳〜就学前 | 84.2 |
| 小学1・2年 | 87.8 |
| 小学3・4年 | 87.7 |
| 小学5・6年 | 82.8 |
| 中学生 | 76.3 |
| 16〜19歳 | 67.6 |
| 20代 | 70.3 |
| 30代 | 76.3 |
| 40代 | 79.3 |
| 50代 | 68.7 |
| 60代 | 45.5 |
| 70代 | 10.3 |
| 80歳以上 | 1.4 |

（出典：高橋あゆみ／海野敏／小山久美「日本のバレエ教室における生徒の人数・性別と教育内容の関係——『バレエ教育に関する全国調査』に基づく考察」「昭和音楽大学研究紀要」第32号、昭和音楽大学院、2012年。在室率は、小学1・2年をピークとし、16歳から19歳まで徐々に減っていくが、20代に入ると再び増えていく。成人生徒のピークが40代というのも興味深い）

「ZEAL STUDIOS」では、既存の発表会にはない魅力をアピールし、「憧れ」をつのらせる。

ジールでは、会員の皆様が参加できる様々なダンスイベントを開催しています。年一回行われる大発表会は、ジールの講師陣と出演者が一体となる最高のステージ。（略）ジールスタジオでは、楽しいレッスンとその成果を発表するイベントとの繋がりを大切にしています。会員さまが快適なダンスライフを過ごせるよう、今後もこれらのイベントを盛り上げてまいります。(28)

実際に、わたしもオーディエンスとしてZEAL SUTDIOSの大発表会に参加したが、確かにこれまで見てきた発表会のイメージを覆すものだった。なによりもまず、この発表会を鑑賞するにはチケットを購入しなければならない。そして、全体的な構成や照明、音楽、映像、衣装も凝っていて、数千円のチケット代分は十分に楽しめたと思わせるほど、エンターテインメント性は高かった。しかし、ステージの中心となるのは講師たちで、生徒たちはあくまでもそのバックダンサーといった印象を受ける場面も少なくなかった。講師たちの共演によるステージ、ゲストダンサーによるパフォーマンスなど見応えは十分だったが、それはまるでオーガナイザーたちの発表会／実績作りの場のようでもあった。そうであってももちろん、生徒たちは数万円の参加費を払い、さらにチケット販売のノルマも課せられていた。

内容がどのように充実していようが、生徒たちが参加費を払って自らの成果を見せるという点では、このイベント型の発表会もこれまでの発表会の構造と変わらない。しかし、「憧れ」を喚起するようなイベント作りを徹底的におこない、人々が進んで「お金を払ってでも参加したい」と思わせているという点で、より巧みな「発表会ビジネス」を展開しているといえる。

## 習い事文化の再生産

しかし、日本の習い事文化において、発表会はビジネス化されざるをえない側面もある。というのは、日本の習い事文化が大量に生み出した技術習得者たちにとって、発表会は稼ぎの場であるからだ。習い事が一般化したことによって、日本には実に多くのピアニスト、バレリーナ予備軍が存在するが、当然のことながらそのなかから「パフォーマンスだけで食べていける」という意味での「プロ」になれる者は、ほんのわずかにすぎない。華やかにみえるプロのバレエダンサーたちも、公演の出演料だけで食べていける者は一握りで、多くはバレエの教授や発表会のゲスト出演でかろうじて生計を立てているのが現実[29]だという。とりわけダンスの発表会では、このようなプロのダンサーによるデモンストレーションダンスがおこなわれることが多い。プロのダンサーたちも、発表会での出演料を当てにせざるをえない状況に置かれているというわけだ。

また日本では、ピアノやバレエの指導には特に決まった資格が必要ではないため、基本的にはある程度の技術があれば誰でもピアノ／バレエの指導者になれる。「あなただってすぐにできるわよ。家の前に看板出せばいいだけなんだから」とは、ピアノ教師のK氏の言である。こうした事情もあって、日本中にピアノやバレエ教室があふれかえり、そこでまた大量のピアニスト、バレリーナの予備軍が生み出されていく。習い事文化が生み出す大量の技術習得者たちは、習い事文化を再生産し続け、そして発表会は、それらの人々を支えるものとしても機能しているのである。

## 4　発表会よ、どこへいく

二〇一四年四月某日、わたしは新宿文化センターでおこなわれたオンピーノピアノ教室（二〇〇一年創業）の合同発表会に参加した。関東・北陸・東海・近畿地域で展開しているオンピーノピアノ教室は、各地域に登録された指導者が生徒宅に赴いてレッスンをおこなうという派遣型音楽教室を基本としている。これまでの大手音楽教室とは異なり、指導者同士、あるいは生徒同士の「つながり」がほとんどないこの教室の発表会は、地域ごとの応募者によっておこなわれているのが特徴だ。参加は強制ではなく、参加費七千円で一人最大二曲まで演奏することが可能。演奏したい曲など必要な情報はすべてウェブ上で自ら申請する。これまでみてきたような発表会とは異なるスタイルで、興味がわいた。

発表会当日、会場に着いて受付でプログラムをもらおうとすると、スタッフから「お疲れさまです」と声をかけられた。わたしが不思議そうな顔をしていると、「先生…ですよね」と、少し不安げに言葉を継ぐ。運営側でさえ、指導者の顔を認識していないのだ。

単なる聴衆であることを告げて会場に入ると、すでに発表会は始まっていた。各演奏終了後の花束贈呈もなく発表会はとどこおりなく進んでいったが、一部三十人程度の出演者が弾く曲のうち、

図4　オンピーノピアノ教室の発表会の様子

いくつか選曲が重なっていたことが気になった。何度も聞かされるバッハのメヌエットやブルグミュラーの練習曲……。生徒自身が弾きたい曲を申請するといっても、そこには指導者のアドバイスが反映されているはずだが、指導者同士のつながりがないため、こうした曲の重複が生じているのだろう。そして生徒とその家族たちのなかには、発表会が終わっていなくとも自分たちの演奏が終わるとロビーで簡単に指導者にあいさつをし、そのまま会場をあとにする者も少なくなかった。お決まりの発表会終了後の集合写真の撮影などないし、言葉を交わす生徒仲間がいるわけでもない。この日は三部制だったから、百人程度の生徒とその親たちが、そんなふうに会場を出たり入ったりしていたが、その様子は実に淡々としたもので、「発表会に参加する」というよりも「お金を払って得た演奏する権利をまっとうする」ような振る舞いにみえた。

　これまでも発表会の聴衆は身内が中心で、身内以外の演奏時にはロビーで休憩する人々もみられたが、そこでも少なからず生徒同士や親同士のつながりがあった。これまでの発表会が、カラオケボックスでの人々の振る舞い――他人が歌う歌に特に興味はなくとも、なんとなく互いに拍手しあいながらその場を共有する――だったとするならば、そのようなわずらわしさを排除した発表会は、観客がいながらの「ヒトカラ（一人カラオケ）」のようなものなのか？　そんな思いを抱きながら、やはり帰りがけにも「お疲れさまです」とスタッフに声をかけられて、会場をあとにした。

このように子どもを中心とした習い事の発表会がカジュアル化されていると同時に、「憧れ」や「趣味」の延長線上にある「大人の習い事」は、従来とは異なる発表会文化を形成しつつある。特に、ヒップホップやジャズ、ベリーなどのダンスの発表会は、ポピュラー音楽とのつながりが強いこともあり、クラブやレストランといった場所でおこなわれることが少なくない。自由に会場を出入りしながら、飲食を楽しみ、会話を楽しむ発表会だ。このような傾向が強まれば、これまでの発表会／商業的なイベントといった境界線を曖昧にするような発表会文化が形成され、ヤマハが描いていたような「日常的な音楽のための習い事」という夢への一歩になるのかもしれない。

発表会を必要とする習い事は、決してなくなることがなく（したがって発表会もなくなることがなく）、これからも大量のセミプロを生み出し、習い事文化を再生産していくだろう。それは、ほんのわずかではあってもズレを伴いながら繰り返されていく。習い事大国日本での「発表会文化」は、今後どのように変化していくのか。しばし、その行く末を眺めたい。

注

（1）習い事をしている小学生の割合は低下し、特に音楽関係では減少が著しい。しかし、末永雅子による二〇〇七年の調査では、小・中学生の習い事ではピアノが二九％と一位になっている（末永雅子「ピアノ学習への課題――調査に現れた保護者の意識と役割」「広島文化短期大学紀要」第四十一号、広島文化短期大学、二〇〇八年、一一五―一二五ページ）。また、高橋あゆみ・海野敏・小山久美らが二〇一一年におこなった調査によれば、四千を超える全国のバレエ教室のうち発表会実施率は、八割を超えるという（高橋あゆみ／海野敏／小山久美「日本のバレエ教室における生徒の人数・性別と教育内容の関係――『バレエ教育に関する全国調査』に基づく考察」「昭和音楽大学研究紀要」第三十二号、昭和音楽大学大学院、二〇一二年、八六―九八ページ）。これらの調査結果などから、発表会を考えるうえでピアノ、バレエを取り上げることは妥当性があると思われる。

（2）「ヤマハ音楽教室基本会則」（http://www.yamaha-ongaku.com/kids/entry/rule.html）［アクセス二〇一四年七月二十日］参照

（3）「K-BALLET SCHOOL Q&A」（http://k-balletschool.com/intros/qna）［アクセス二〇一四年七月二十日］参照

（4）例えば、「宮地楽器 ホールレンタル」（〔http://hall.miyajimusic.jp/rent.php〕［アクセス二〇一四年七月二十日〕）を参照。

（5）四十歳を過ぎてからピアノを習い始めた井上章一は、子どもたちばかりの発表会で演奏する気にならず、かといって気軽にピアノを演奏する場所があるわけでもないので、仕方なく（ホステスがいる）クラブでピアノの演奏を披露していたという。井上章一『アダルト・ピアノ――おじさん、ジャ

ズにいどむ』(PHP新書)、PHP研究所、二〇〇四年

(6) 筆者が二〇〇九年七月二十二日におこなった、東京在住のK氏へのインタビューから。一九六三年生まれの彼女は、音楽大学卒業後二年半ほどヤマハ音楽教室でピアノ教師として勤務。結婚を機に退職後、夫の仕事についてしばらく新潟に移住。再び東京に戻り、現在では自宅で個人ピアノ教室を開いている。

(7) その一方で、K氏の証言によれば、指導者が発表会にかこつけて参加費を多く徴収し、残りを懐に入れる「発表会ビジネス」がおこなわれることもあったという。

(8) 「いくら払ってる?ピアノスクールでの先生への謝礼について」(http://cyta.jp/piano/c/entry/804) [アクセス二〇一四年七月二十日] 参照。サイトは二〇二一年六月三十日に閉鎖されている。

(9) 家元制度については本書第1章と第9章を参照されたい。

(10) 「ヤマハ音楽教室のレッスン」(http://www.yamaha-ongaku.com/kids/attract/lesson/#03) [アクセス二〇一四年七月二十日] 参照

(11) 音楽大学卒業後、ヤマハ音楽教室での教師を経験したK氏は、ヤマハでは、一九八四年頃に個人レッスンがスタートするまで、グループレッスンしかおこなわれていなかったと回想している。ちなみにK氏は結婚を機にヤマハを退職するが、その当時を振り返り「ヤマハの教育法はシステム化されていた。楽譜や教授法も一律。それに疑問を抱き始めたこともあってすんなり辞められた」と述べている。

(12) 保護者同伴のメリットとして、「安心できる」「やる気をふくらませ、よりレッスンに集中することができる」「音楽を通じた親子の素敵な時間が過ごせる」などが掲げられている(前掲「ヤマハ音楽教室のレッスン」)。

（13）例えば、「ママ友地獄」をテーマにしたテレビのバラエティー番組で、家族や子育てに関する取材を続けてきた石川結貴は、子どもの習い事の発表会での「ママ友地獄」の様子を語り、話題になった。『ホンマでっか!?TV――ママ友地獄・ママ友内で起こる知らないとヤバイ情報とは!?』フジテレビ系列、二〇一四年五月十八日

（14）西東桂子監修『ママ友おつきあいマナードリル』（主婦の友社、二〇一四年）では、「子どもの友達を発表会に呼ぶ、お友達の発表会に呼ばれる」際のマナーが解説されている。

（15）上野千鶴子編『「女縁」を生きた女たち』（岩波現代文庫）、岩波書店、二〇〇八年

（16）もっとも、選択された「女縁」でもその人間関係は必ずしも「平等」ではない。「見かけの「平等」」の背後にあるインフォーマル・リーダーへのこの高い依存性は、女縁の一つの限界でもある」（同書七九ページ）

（17）女の働き方やインフラの変化による、いわゆる社会関係資本の低下が指摘されている（同書二八〇―二九八ページ）。

（18）高橋一郎「家庭と階級文化――「中流文化」としてのピアノをめぐって」、柴野昌山編『文化伝達の社会学』所収、世界思想社、二〇〇一年、一五六―一七四ページ

（19）明治期の日本では、社交ダンスの輸入を通して欧化政策を進め、「野蛮」な日本的身体を封じ込めるため、何度も「盆踊り禁止令」を発令している。日本での社交ダンスの輸入とその歩みについては、永井良和『社交ダンスと日本人』（晶文社、一九九一年）を参照。

（20）ヤマハ音楽教室の理念やその歩みについては、音楽教室の普及に尽力したヤマハ第四代社長・川上源一の『新・音楽普及の思想』（ヤマハ音楽振興会、一九八六年）を参照。

（21）その象徴となった事件は、一九七四年に神奈川県平塚市の団地内で起きた通称「ピアノ騒音殺人事

件」だろう。ピアノの騒音に悩まされた男が、階下の部屋でピアノを弾いていた少女をはじめ、その妹、母親を刺殺した事件である。当初は、犯人の人付き合いの悪さから、神経質な男による残虐な犯行という一面的な見解が多かったが、防音施設のない団地内で早朝からピアノの練習がなされていた事実などから、全国から犯人への支援者が集まったことでも知られる。この事件を丹念に追った上前淳一郎『狂気――ピアノ殺人事件』（〔文春文庫〕、文藝春秋、一九八二年）では、殺害された母親が近隣住民にピアノを買ったことを言って回っていたこと、またある家がピアノを買うと、まるで感染するかのように次々と同じ棟内でピアノを購入する家が増加した点を指摘している。この事件は日本での近隣騒音事件の第一号としても知られているが、ピアノの音を響かせることが、近隣に対して差異をアピールする機能を果たすという、日本での欧米文化のゆがんだ取り入れ方という点で興味深い。そこからまた、日本独自の「消音ピアノ」なるものが生まれていくのである。

(22) ヤマハ音楽振興会編「ヤマハ音楽通信」第二十七号、ヤマハ音楽振興会、一九六九年

(23) 末永雅子の二〇一三年の調査によれば、親が子どもにピアノを習わせるのは「本人がやりたいと言っているから」という子どもの自主性を尊重する理由がトップである。続いて「音楽の楽しさを知ってほしい」「リズム感・音感をつけさせたい」「将来役に立つかもしれない」「集中力、根気、忍耐力をつけさせたい」といった理由が並び、習い事に対する親の期待も大きいことがわかる。末永雅子「親が習い事に求めるもの――ピアノを習わせている親への調査に基づいて」「広島文化学園大学学芸学部紀要」第三号、広島文化学園大学、二〇一三年、九―一七ページ

(24) 京都国際マンガミュージアム編／ヤマダトモコ監修『バレエ・マンガ――永遠なる美しさ』（太田出版、二〇一三年）では、少女マンガの発展とバレエの関係、日本でのバレエの受容とバレエの関係を歴史的にたどっている。

(25)「大人の音楽教室が盛況　中高年の初心者、目的達成の楽しみ」(「ＭＳＮ産経ニュース「くらしナビ」」二〇一四年六月二十日付〔http://sankei.jp.msn.com/life/news/140620/trd14062010000006-n1.ht〕［アクセス二〇一四年七月十九日］)を参照。

(26)「今や四十万人が習う「バレエ大国」日本」(「J-CASTニュース」二〇一四年二月三日付〔http://www.j-cast.com/2014/02/03195854.html?p=all〕［アクセス二〇一四年七月十九日］)を参照。

(27)二〇一四年三月一日に三鷹市公会堂でおこなわれた「スタジオアムリタ主催・世界の舞踊&音楽合同発表会」で筆者がおこなったインタビューから。

(28)「ZEAL STUDIOS イベント案内」(http://zeal-studios.com/event/index.html)［アクセス二〇一四年七月十九日］参照

(29)稲田奈緒美「日本バレエの初期におけるバレエ団の運営」、前掲「昭和音楽大学研究紀要」第三十二号、七三―八五ページ。また、こうした状況は世界的にみて決して一般的なことではない。"Japanese ballet dancers embracing Pittsburgh", *Pittsburgh post-gazette.com*, Oct. 28, 2014. (http://www.post-gazette.com/ae/theater-dance/2012/10/28/Japanese-ballet-dancers-embracing-Pittsburgh/stories/201210280171)［アクセス二〇一四年七月十九日］参照

第3章

# 社会教育・生涯学習行政と地域アマチュア芸術文化活動

歌川光一

## 1　地域アマチュア芸術文化活動はどこでおこなわれているのか

二〇一四年七月、地域アマチュア芸術文化活動[1]をめぐる一つの事件が起きた。[2]さいたま市大宮区三橋公民館で、ある女性が集団的自衛権の行使容認に反対するデモを詠んだ俳句「梅雨空に「九条守れ」の女性デモ」が、同館が毎月発行する「公民館だより」への掲載を拒否された。女性は同館俳句サークルの会員で、「公民館だより」には、毎月、会員互選の一句が掲載されていた。女性や公民館によると、この句は一日発行の七月号に掲載予定だった。しかし公民館職員から女性に「集団的自衛権で世論が割れているときに、一方の意見だけ載せられない」と連絡があり、「公民館だより」の七月号の俳句コーナーは削除された。ここで論点となっているのは、女性側が主張する「表現の自由」と、公民館（・市）側が主張する、社会教育法第二十三条に規定された「特定の政党の利害に関する事業」と民間事業者を対象にした市報の「広告掲載基準」である。

いずれにしても、女性の側からすれば、市の予算で毎月二千部が発行され、公民館がある三橋地区の六自治会で配布され、各町内会の回覧板などで閲覧されていた「公民館だより」という「発表」の場が奪われたことになる。

ところで、俳句サークルの活動やその発表のような地域アマチュア芸術文化活動が、社会教育・

生涯学習行政の管轄対象ともなりうるのはなぜだろうか。

実はこの点は、公民館の性格を規定づけている社会教育法を確認することで、ひとまず理解することができる。社会教育法上、「社会教育」の定義には「組織的な教育活動（体育及びレクリエーション）」が含まれている。また、「市町村の教育委員会の事務」にも「音楽、演劇、美術その他芸術の発表会等の開催及びその奨励に関すること」とあるように、地域アマチュア芸術文化活動は、社会教育・生涯学習の対象とされている。

## 地域アマチュア芸術文化活動の全国的動向

それでは、地域の社会教育・生涯学習実践として、アマチュア芸術文化活動はどのように展開されているだろうか。

まず、「生涯学習に関する世論調査（二〇一二年度）」によれば、最近一年くらいのあいだにおこなった生涯学習として、「健康・スポーツ（健康法、医学、栄養、ジョギング、水泳など）」をあげた者の割合が三〇・四％と最も高いが、その次が、「趣味的なもの（音楽、美術、華道、舞踊、書道、レクリエーション活動など）」（二五・七％）となっていて、「職業上必要な知識・技能（仕事に関係のある知識の習得や資格の取得など）」（一五・二％）、「家庭生活に役立つ技能（料理、洋裁、和裁、編み物など）」（一四・一％）が続いている（複数回答可、上位四項目）。

また、「社会教育調査（二〇一一年度）」を参照すると、二〇一〇年の「公民館における学級・講座の開設状況」は、全三十七万五千九百三十四件のうち、「趣味・けいこごと」が四四・六％（十六万七千六百七十三件）を占め、舞台発表などのパフォーマンスにつながる「音楽実技（合唱・演奏・演劇等）」「ダンス・舞踊」「芸能（日舞・詩吟・民謡等）」が一六・七％（六万三千六百四十九件）を占める。一方、同じく一〇年の「生涯学習センターにおける学級・講座の開設状況」は、全一万四千百九十七件のうち、「趣味・けいこごと」は、四一・六％（五千九百九件）、「音楽実技（合唱・演奏・演劇等）」「ダンス・舞踊」「芸能（日舞・詩吟・民謡等）」は、五・九％（八百三十九件）である。社会教育・生涯学習施設が、実際には、趣味・けいこごとに使用されていて、とりわけ地域に密着した公民館での学級・講座で、舞台発表などのパフォーマンスにつながる芸術文化活動の教習がおこなわれていることがわかる。

## 都市部のアマチュア芸術文化活動と公民館

次に、実際の社会教育施設の利用実態について、その代表的施設とも呼べる公民館を例にみてみよう。

まず都市部については、公民館が、団体やサークルなどによる練習の場として機能していることが、建築学および文化経済学研究によって明らかにされてきている。ここでは、川本直義らが二〇〇一年に愛知、岐阜、三重県内の市民吹奏楽団（五十一団体）に対しておこなったアンケート調査の結果についてみてみよう。

第一に、演奏内容としては、団主催の演奏会のほかに、地域内の施設やイベントなどへの参加が中心となっている（表1）。また、団主催の演奏会の会場としては、公立文化施設の割合が最も高

表１　年間対外演奏の内容分類

| 演奏の種類 | | 演奏件数 | 割合 |
|---|---|---|---|
| 地域内 | 団主催の演奏会 | 46 | 85% |
| | 地域・施設の文化祭・音楽祭など | 45 | |
| | 他団体との合同演奏会・フェスティバル（主催が地域や施設以外のもの） | 13 | |
| | 地域・施設のイベント（文化祭・音楽祭など以外） | 56 | |
| | 福祉施設・地域施設などへの訪問演奏（慰問演奏など） | 38 | |
| | 商業施設・テーマパークなどでの依頼演奏 | 37 | |
| 地域外 | コンクール | 29 | 15% |
| | その他 | 12 | |
| | 計 | 276 | 100% |

（出典：川本直義「市民吹奏楽団の練習場と開かれた利便供与の枠組みに関する研究」名古屋大学大学院環境学研究科博士論文、2010年、64ページ、表2-7の表記を一部簡略化）

表２　団主催の演奏会の開催場所

| 演奏会会場（のべ数） | 施設数 | 割合 |
|---|---|---|
| 民間施設 | 0 | 0% |
| 公立文化施設 | 38 | 76% |
| 社会教育施設 | 7 | 14% |
| 福祉施設 | 1 | 2% |
| スポーツ施設 | 0 | 0% |
| 公共施設その他 | 1 | 2% |
| 学校 | 2 | 4% |
| 近隣の自治体への出張 | 1 | 2% |
| 合計 | 50 | 100% |

（出典：前掲「市民吹奏楽団の練習場と開かれた利便供与の枠組みに関する研究」63ページ、表2-6を転載）

| | 満足度（平均点数） | | | | | | | | | | | 使用料 |
|---|---|---|---|---|---|---|---|---|---|---|---|---|
| | 広さ | 音響 | 防音 | 備品 | 空調 | 料金 | 開館時間 | アクセス | 予約方法 | 職員の対応 | 総合 | |
| | 3.3 | 2.5 | 3.0 | 2.8 | 3.0 | 3.7 | 3.1 | 3.2 | 2.9 | 3.5 | 3.4 | 722 |
| | 3.7 | 3.1 | 3.7 | 3.6 | 3.3 | 3.3 | 3.3 | 3.3 | 3.5 | 3.5 | 3.6 | 2759 |
| | 4.1 | 3.4 | 3.4 | 3.9 | 3.3 | 4.4 | 3.7 | 3.4 | 4.2 | 4.0 | 4.3 | 0 |
| | 3.3 | 2.3 | 3.2 | 2.8 | 3.5 | 3.5 | 3.0 | 3.5 | 2.5 | 2.8 | 3.5 | 2655 |
| | 4.0 | 1.5 | 2.5 | 2.0 | 2.0 | 4.0 | 2.5 | 3.0 | 2.5 | 3.0 | 3.0 | 0 |
| | 3.6 | 2.8 | 3.3 | 3.1 | 3.1 | 3.7 | 3.2 | 3.3 | 3.2 | 3.4 | 3.6 | 1407 |

い（表2）。

一方、練習場としては、表3からわかるとおり、五十一団体中二十団体が公民館を含む社会教育施設を練習場所として使用していて、その選択理由として、利用料の安さと、場所の便利さがあげられている。ただし、満足度からみれば、学校や公立文化施設よりも点数が低くなっている。この背景として、川本らは、自治体内で文化祭などを開催する受け皿となる文化協会などを教育委員会社会教育課などが実質的に運営している場合があり、文化協会などの会員に対しては、公民館などの施設使用料を無料や低額にしたり、優先予約させたりすることを理由にあげている。しかし、公民館は音楽用の専門的な設備が整っていない場合が多く、

表3　施設分類別練習場選択理由および満足度

| 施設分類 | 楽団数 | 選択理由（項目を選んだ割合） | | | | | | | | |
|---|---|---|---|---|---|---|---|---|---|---|
| | | 利用料 | 設備充実 | 場所便利 | 規模適当 | 便宜 | 団専用 | 地域の施設 | 他に無し | その他 |
| 社会教育施設 | 20 | 95 | 10 | 60 | 25 | 20 | 0 | 40 | 25 | 5 |
| 公立文化施設 | 15 | 60 | 20 | 60 | 33 | 27 | 0 | 53 | 13 | 0 |
| 学校 | 8 | 63 | 63 | 25 | 0 | 50 | 0 | 38 | 13 | 0 |
| その他の公共施設 | 6 | 50 | 17 | 50 | 50 | 17 | 0 | 67 | 50 | 0 |
| その他 | 2 | 100 | 0 | 50 | 0 | 50 | 0 | 50 | 50 | 0 |
| 全体 | 51 | 75 | 22 | 53 | 25 | 27 | 0 | 47 | 24 | 0 |

注1：「楽団数」は実数、「選択理由」はパーセンテージ、「満足度」は平均点数（5点満点）
注2：施設分類の「社会教育施設」は、公民館、生涯学習施設、青少年施設を、「その他の公共施設」は、福祉施設、スポーツ施設を、「その他」は、民間施設を指す
注3：網がけは、上位2施設
（出典：川本直義／清水裕之／大月淳「市民吹奏楽団の練習場に関する研究――地域における公共施設の多目的利用の可能性」「日本建築学会計画系論文集」第580号、日本建築学会、2004年、43ページ、表6に、一部筆者加筆）

利用料を理由に、我慢をして利用しているという。[3]

### 地方アマチュア芸術文化活動と公民館

続いて、市町村レベル公民館よりもさらに小さな単位（分館）での活動について、筆者も一メンバーとして調査に加わった、長野県飯田市の事例[4]からみてみたい。

長野県飯田市の公民館実践に関しては、その地域自治精神の高さや、一九六五年に飯田・下伊那公民館主事によってまとめられた住民の学習活動方針に対する主体性を掲げた論文「公民館主事の性格と役割」（通称「下伊那テーゼ」）とともに知られている。二〇〇七年四月からは自治基本条例制定によって、地域自治組織（「地域自治区」

「まちづくり委員会」からなる）が導入され、公民館が「まちづくり委員会」のなかに位置づけられた。二〇一二年十一月時点での飯田市の公民館の構成は、飯田市中央公民館、合併前の旧町村を基本単位とする各地区の公民館二十館（以下、本館と略記）、地域住民の日常生活の基礎単位であり、住民が組織運営する分館百五館となっている。

一つの例として、飯田市のほぼ中央に位置する鼎地区は、十区（西鼎、上茶屋、東鼎、下茶屋、一色、中平、名古熊、下山、切石、上山）から構成されていて、本館の鼎公民館の発足当初から各区に分館が置かれ、現在十区すべてに分館が設置されている。人口三百五十五人、世帯数百二十四の西鼎分館から、人口二千七百五十八人、世帯数千十四の上山分館（二〇一一年十月現在）まで、分館の規模に差があり、構成も一律ではない。

本館は、地区全体にかかわる事業を担っている。本館には文化、体育、広報の三委員会があり、各委員会は分館から選出された委員によって構成、運営されている。また、大きな事業の際は各分館の分館長と主事も含めた実行委員会を組織して事業を実施している。分館は、地域に密着し、地域のまとまりに重点を置いて活動している組織といえる。

具体的に、鼎地区の本館、分館事業を紹介してみよう。

まず、本館事業は主に文化事業、体育事業、広報事業に分類することができる。鼎地区の二〇一一年度の事業計画によると、文化事業として「ふるさと再発見ワンデーマーチ」「飯田人形劇フェスタ二〇一一地区公演」「ふるさと鼎ふれあい広場・文化祭」が、主な事業としてあげられる。これらの本館事業は分館活動としても重視されている。

次に、分館独自の事業について、まず、中平分館では獅子舞保存会の存在が着目される。中平獅子舞は古来から尊重される青い幌とおかめ・きつね踊りに特徴がある。また、名古熊分館でおこなわれる芸能夏祭りは、バドミントンクラブ、公民館ＯＢ会、壮年団、カラオケクラブ、小学校ＰＴＡ、商工会名古熊支会、御輿愛好会、獅子舞保存会、三菱民謡クラブ、演芸クラブ、煙火保存会、鼎みつば保育園などの団体とおこなわれる。

このように、鼎の各分館は、独立して活動するという意識が強く、そのときどきの地域住民の関心事や地域課題に沿って芸術文化活動も展開されている。分館の役員間の交流や婦人会、壮年団など各団体との交流も活発であり、住民の事業参加も増えている。規模が小さい分館でも、まとまりと行動力が発揮されている。

## 2　地域アマチュア芸術文化活動を管轄する行政とは？

### 社会教育・生涯学習行政と文化行政をめぐる現状

ここまで、社会教育・生涯学習施設でおこなわれている地域アマチュア芸術文化活動の実態について事例をみてきた。

しかし、社会教育法上の規定があるとはいえ、地域アマチュア芸術文化活動が、社会教育・生涯学習行政の対象とされるのはなぜなのか。また、今日展開している「文化行政」との関係はどうな

表4　「文化行政」の所轄状況（2011・2012年度）

| | 都道府県（47） | | | 政令指定都市（20） | | | 中核市（42） | | |
|---|---|---|---|---|---|---|---|---|---|
| 所轄部署 | 教委 | 首長部局 | 教委・首長 | 教委 | 首長部局 | 教委・首長 | 教委 | 首長部局 | 教委・首長 |
| 文化振興全般 | 0 | 43 | 4 | 0 | 20 | 0 | 14 | 27 | 1 |
| 芸術文化 | 1 | 23 | 23 | 0 | 18 | 2 | 15 | 23 | 4 |
| 文化財保護 | 45 | 0 | 2 | 10 | 10 | 0 | 36 | 5 | 1 |
| 国際文化交流 | 0 | 42 | 5 | 1 | 19 | 0 | 0 | 41 | 1 |

注1：同調査に基づき、筆者作成
注2：網がけ部分は、各項目のなかで最も所轄する割合が高い部署を示している

っているのか。

実は、一般的には注目されにくいが、こうなった経緯自体が複雑であり、また、自治体によって制度が異なるため、整理しづらい論点となっている。

例えば、文化庁がおこなっている「地方における文化行政の状況について（平成二十三年度及び平成二十四年度）」では、「文化行政」の所轄状況は表4のようになっている。

この表4からもわかるとおり、文化振興全般や国際文化交流は主に首長部局（例えば、東京都であれば生活文化局文化振興部企画調整課）が、文化財保護については主に教育委員会が管轄する傾向にあるが、都道府県・政令指定都市と中核市では傾向が異なり、中核市の教育委員会は、文化行政を担う比重が高いといえる。

このような多様性もふまえながら、地域アマチュア芸術文化活動にかかわる行政についての現状を最大公約数的に表現すれば、図1のようになるだろう。

さて、図1について、実例をあげながら説明する前に、今日の社会教育・生涯学習行政と文化行政の混在状況を理解するに

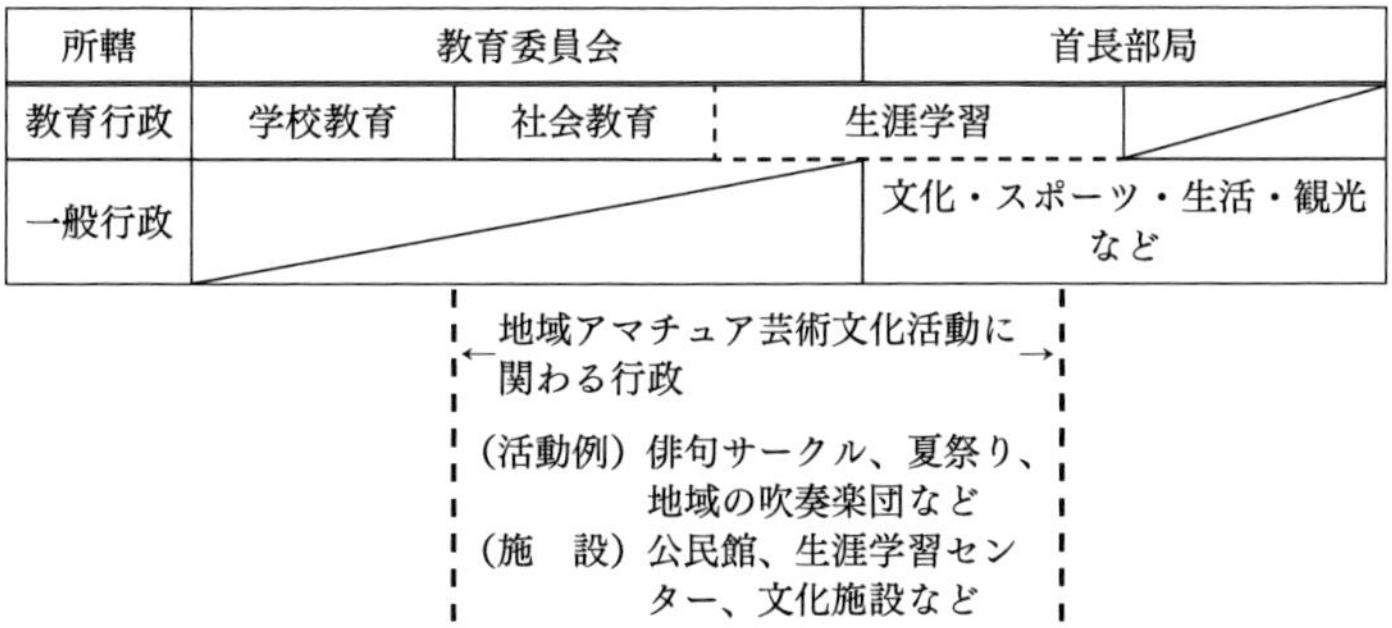


注：点線部分は、境界が曖昧なことを意味する

図1　地域アマチュア芸術文化活動にかかわる行政

は、いくらか歴史をふまえる必要がある。具体的には、

①社会教育とは何か

②社会教育と生涯学習とはどのように異なるのか

③①②と文化行政はどのような関係にあるのか

といった点である。

以下、その歴史を簡単にたどってみたい。

## 「社会教育」の誕生と展開

明治維新後の日本では、近代的学校制度の導入を急ぐとともに、学校以外の場でも国民を教化すべく、産業振興や国民啓蒙のための博物館、書籍館（のちの図書館）、博覧会などが開設・開催された。また、児童の義務就学を普及させるために、親を対象とした就学督励のための成人教育施策や、公営の新聞縦覧所の設置などが各地でおこなわれていた。明治中期になると、文部行政で、正規の学校教育以外の教育事業は「通俗教育」として扱われるようになった。特に日露戦争（一九〇四―〇五年）以降、青年団の設置推進、各地での通俗講習会開催の奨励などもおこなわれるようになる。[5]

大正期には、通俗教育に代わって「社会教育」の語が使われるようになり（一九二一年）、文部省の社会教育行政は、各地で成人教育講座を開催し、高度な知識を提供する事業にも着手する。

昭和期になると文部省の社会教育行政は、国策宣伝のために映画・音楽などの利用や統制にも重きを置くようになり、戦中期には文化政策として再編された。

このような戦前の社会教育行政は、①青年団・婦人会など国民を属性ごとに束ねる団体、その他宗教的・思想的教育のための教化団体の育成とその組織化、②多様な団体を動員して農村地域の復興や国民に対する思想宣伝・教育をめざす官製運動の推進、といった点に特徴があるとされる。国家主導による急速な近代化に伴う社会的矛盾が、国民の不満や社会の動揺につながるのを防ぐうえで、社会教育は期待をかけられていた。

戦後は日本国憲法、教育基本法に続いて社会教育法も制定され（一九四九年）、社会教育行政はあくまで国民の自由な学習活動に対する支援的な役割を果たすものとして位置づけられた。これによって、統制的な役割は民主化改革に反するものとして否定されることになる。こうした方針の下、地域社会の社会教育施設として公民館が構想され、各地に設置された。続いて、図書館法（一九五〇年）、博物館法（一九五一年）なども制定され、社会教育行政の法律的基盤が整備される。

このように戦後、社会教育行政は制度的転換をみせたものの、実際の事業は、青年団・婦人会などの地域団体を基盤とし、知識人主導による文化運動や、地域での青年団の文化運動が興隆するなど、団体主義的な学習が継続された。具体的には、一九五〇年代に、農村の青年団などが生活に直結した課題を扱う共同学習運動や、地域・職場のサークル活動などが展開された。

## 「社会教育」から「社会教育・生涯学習」へ

高度成長期に入ると、急速な都市化と同時に、都市部では公害問題などを背景とした住民運動や、地方出身若年層の増大、コミュニティーの不在の問題などが注目されるようになり、都市部での社会教育のあり方が問われるようになる。同時に、オイルショック（一九七三年）を迎え、グローバル社会に適応できる人材育成が課題となった。

これらの社会的要請に応えたのが、一九七一年の社会教育審議会答申「急激な社会構造変化に対処する社会教育のあり方について」であり、日本の生涯教育政策が緒についた。同答申は、急激な社会構造の変化に即した人材育成の必要を社会教育に求めながら、広がりつつある余暇時間の増大に対応する生活の質的向上をめざすためのコミュニティー政策の再構築をうながした。具体的には、学校教育、家庭教育、社会教育を統合した「生涯教育」が求められていることが、ユネスコのポール・ラングランの生涯教育論の考え方に依拠して答申された。

続く一九八一年の中央教育審議会答申「生涯教育について」では、「生涯学習」と「生涯教育」の概念が整理された。すなわち「生涯学習」は、「自己の充実や生活向上のため、各人が自発的意志に基づき必要に応じ、自己に適した手段・方法を自ら選び生涯を通して学ぶこと」、「生涯教育」は「生涯学習のために自ら学習する意欲と能力を養い、社会の様々な教育機能を相互の関連性を考慮しつつ総合的に整備・充実しようとする」こととされた。さらに、八五年から八七年までの臨時教育審議会では「生涯学習体制への移行」が明示され、八八年、文部省は機構改革を実施し、「生涯学習局」を設置して改組した。

その後、都道府県、市町村教育委員会でも既存の社会教育課は生涯学習課へと変わった。一九九〇年七月には「生涯学習の振興のための施策の進行体制等の整備に関する法律」(いわゆる生涯学習振興法)が制定され、生涯学習の振興に資するための、国や都道府県の任務が定められた。またこの法律では、「生涯学習」に関する概念規定は示されず、あくまでも生涯学習振興政策推進の目的で制定されたことになっている。その後、いくつかの答申を経て、二〇〇六年に改正された教育基本法に「第三条(生涯学習の理念) 国民一人一人が、自己の人格を磨き、豊かな人生を送ることができるよう、その生涯にわたって、あらゆる機会に、あらゆる場所において学習することができ、その成果を適切に生かすことのできる社会の実現が図られなければならない」という一条が設けられるに至っている。

なお、地方分権化や「平成の大合併」の過程で、「生涯学習行政」を首長部局に移行する自治体も増加したことで、「生涯学習行政」は単なる「社会教育行政」の呼び替え以上のインパクトを与えた。

## 社会教育・生涯学習行政と文化行政の関係史

さて、本章で問題にしている「社会教育・生涯学習」と「文化」の関係について、日本ではまず社会教育行政の範疇で模索され続けてきた。(6)

戦前、日本では人々の芸術文化活動も、国民への「施し」として社会教育行政の文脈でとらえられることが多かった。それは例えば、明治初期の内国勧業博覧会などの国家主導の展示会であり、また、大正期の活動写真のフィルム取り締まり、脚本の検閲といった文化規制、もしくは逆に、民衆娯楽を善導教育に利用しようとする動きに表れた。第二次世界大戦期には国家総動員体制を基軸として、「文化」を「教育」が統制する姿勢は一層強まり、社会教育行政は「文化政策」の名の下に、映画統制などをおこなった。戦後を迎えると、国家主義的な「文化政策」への反省から、社会教育法に「国民主体の文化活動の原則」が明記され、国民の自由な文化活動を教育行政が支援する体制へと転換した。

一方、文化行政に目を向けると、戦後日本で、国レベルでの芸術文化政策は文化財保護が中心となっていた。しかし、一九六八年に文化庁が設置され、それ以降、舞台芸術の提供や文化の普及活動といった現在の芸術文化振興策が本格化することになる。文化庁はそれまでの文化財保護行政に加え、「文化の頂点の伸長」と「文化の裾野の拡大」の両側面から芸術文化振興をめざし、後者の一つとして「地域文化活動の振興」を進めてきた。二〇〇一年には、芸術文化活動の振興を推進する国の基本理念を定めた文化芸術振興基本法が制定され、芸術文化が社会的成熟に不可欠の存在であること、市民一人ひとりの自主性が尊重されるべきであることが強調された。

また、地方自治体の文化政策は、一九七〇年代以降「文化の時代」「地方の時代」の標語のもとに推進されてきた。具体的には、劇場や文化ホールなどの文化施設の整備が積極的に進められ、同時に、行政組織を「文化」の視点から改革しようと、「行政の文化化」と呼ばれる行政意識改革論も展開された。この過程で、芸術文化支援は、地方自治体では自治体政策全体に文化的環境整備の視点を導入する「総合行政」としても位置づけられていった（本書第5章、氏原茂将「発表会が照らす公共ホールの役割」を参照）。

なお、一九七〇年代後半に梅棹忠夫が「教育はチャージ（充電）、文化はディスチャージ（放電）であり、文化を教育の文脈で捉えることは不適切」と提起した。それ以降は、教育活動と文化活動を明確に区分することで、自発的な営みである文化活動を教育活動の範疇から解放しようとする動きが自治体文化政策でみられるようになった。

「社会教育」に加えて、「生涯学習」概念が登場して以降は、例えば、地域の伝統文化の掘り起こし、音楽祭や芸術祭、ふるさと学習、一村一文化運動といった「まちづくり」にかかわる活動が、「生涯学習まちづくり」と呼ばれたり、美術館の鑑賞教育やワークショップを通じた体験的な創作・表現プログラムが「参加・体験型学習方法」と位置づけられたりしている。また、一九九二年の中央教育審議会答申「生涯学習の基盤整備について」では、「生涯学習は、学校や社会の中での意図的、組織的な学習活動として行われるだけでなく、人々のスポーツ活動、文化活動、趣味、レクリエーション活動、ボランティア活動などの中でも行われるものである」とされている。

## 3 地域アマチュア芸術文化活動と行政の実際

さて、このように、戦前期から現在に至るまで、文化にまつわる行政は、基本的には社会教育行政（教育委員会）によって担われてきたが、「生涯学習」の登場によって、社会教育と生涯学習の概念的混乱が起きるとともに、首長部局も、学習・文化に関する行政を一部管轄するようになった。また一方で、文化行政それ自体の進展も見受けられ、地域アマチュア芸術文化活動に関する行政の担い手は、教育委員会と首長部局にまたがるような状況が生じた（図1）。

ここでもう一度、具体例をあげながら、社会教育・生涯学習行政と文化行政の関係をみていこう。まず、冒頭で公民館の俳句サークルの例をあげたが、このように、活動する地域がそう広範ではない団体の場合、「社会教育関係団体」となることで、社会教育施設の利用料の免除・減免措置などの優遇を受けながら活動することができる。以下は、東京都の港区社会教育関係団体登録要綱の一部である。

第六条　登録団体が社会教育活動を行う場合は、次のような便宜を受けることができる。
（1）生涯学習センター及び青山生涯学習館の利用申請が優先的にできる。
（2）生涯学習センター及び青山生涯学習館の施設使用料が減額となる。
（3）一部の区立施設の施設使用料が減額又は免除される。
（4）社会教育に関する情報の提供を受けることができる。
（5）その他、活動に関する相談及び助言等の側面的な援助を受けることができる。(7)

二〇一四年九月末現在、港区では、演劇、踊り、音楽、絵画、華道・茶道、華道・フラワーアレンジメント、工芸・手工芸、写真、書道、陶芸、俳句・短歌など、アマチュア芸術文化団体も含め、計百六十二団体が登録されている。(8) この「社会教育関係団体」は、基本的には、戦前から存続する青年団、婦人会やPTAといった地域を成立母体とする団体を想定したものだが、実際には、前記のようなアマチュア芸術文化団体も登録されている。

一方、緩やかな地域性しかもたないことが多い吹奏楽団体などは、「生涯学習行政」の範疇となったり、「文化」「スポーツ」「生活」「観光」という名のつく課が管轄することになる。そのため、前記の吹奏楽団が助成を得ようとすれば、単に社会教育施設を練習場として利用するだけでなく、首長部局が主導する「文化芸術振興計画」の趣旨に則って発表会の申請をするような場合も出てくる。例えば、以下は、「さいたま市文化芸術都市創造補助金」の手引の一部である。

1. 補助対象となる団体

次に掲げる要件を全て満たす文化団体、文化団体が組織する連合体又は複数の団体で文化芸術事業を実施するために組織する実行委員会

(1) 規約又は会則等を有すること。
(2) 文化団体等の意思を決定し、執行する組織が確立されていること
(3) 自ら経理し、監査する等会計組織を有すること
(4) 市内に活動の本拠としての事務所を有すること
(5) 主として市内在住の者で構成されていること

2．補助対象事業と補助金の額

平成二十六年度（平成二十六年四月一日～平成二十七年三月三十一日）に、文化団体又は実行委員会が市内で実施し、かつ、補助金交付による効果が期待できる事業で、次の事業にあてはまるものとします。

（対象事業）

文化芸術活動ステップアップ事業

（対象事業の内容）

文化団体等が活動の充実を目指して取り組む文化芸術事業で、次のいずれかに該当するもの

ア　特定の分野を越えて、分野横断的に取り組む文化芸術事業

イ　広く参加者を募る工夫を行うなど、特定の分野の裾野拡大又は伝統文化の継承に貢献する文化芸術事業

（補助対象者）

文化団体等

（補助金の額）

補助対象経費の二分の一以内とする。ただし、十八万円を限度とする。(9)

（以下略）

さいたま市は、二〇一二年四月一日に「さいたま市文化芸術都市創造条例」を施行していて、その管轄は「スポーツ文化部文化振興課」である。

また、先に紹介した川本の調査でも、吹奏楽団五十一団体中十二団体が資金援助を受けていて（自治七、地域の文化協会三、文化庁一、後援会一）[10]、教育行政と一般行政の境界を狙いながら、資金を獲得している例もある。

楽団NSHは、NSH町文化勤労会館が竣工するからと、N高校OBが中心になってメンバーを集めた楽団であり、NSH町にこだわっていないとのことである。もともとNK吹奏楽団（仮称）という名前でスタートしたが、その瞬間にNSH町から話があり、「名称に町名を付けNSH吹奏楽団に名前を変えたらNSH町教育委員会から補助が出せるのだけど」と言われて名前を変えたという。団員もNSH町民よりも町外の方が多いのではないかとのことである。NSH町文化協会に加入すると、文化協会から補助金がもらえる。しかし団員の二分の一がNSH町在住又は在勤者でなければ加入できない。〔楽団NSHを含む：引用者注〕吹奏楽団のほかオーケストラなど音楽四団体は文化協会に加入していないが、直接NSH町教育委員会から日常活動に対して補助金をもらっている。教育委員会とは別に、大きな行事に対してNSH町の企画部署からまちづくりの補助金を得ている。

なお、楽団NSHを含めた音楽四団体は、毎年NSH町主催の音楽祭開催を委託され出演している。[11]

資金の獲得は、自治体の規模や、もともと自治体職員とインフォーマルなコネクションがあるかどうかという点にも左右されるだろう。しかし、そもそも「（社会）教育」「（生涯）学習」も「文化」も該当する活動の範囲が広いため、地域のアマチュア芸術文化団体が楽団NSHのような経緯で資金を得る可能性は、一般的に開かれているといえる。

## 4　地域アマチュア芸術文化活動は社会教育・生涯学習行政の宿痾か？

本章では、地域アマチュア芸術文化活動の観点から、社会教育・生涯学習行政の現状や歴史、および文化行政との関係について紹介してきた。ここまで読めば、社会教育法上の規定や量的実態、歴史的経緯からして、地域アマチュア芸術文化活動は、社会教育・生涯学習行政の重点事業の一部として位置づき、その意義に対する研究も蓄積されてきたのだろう、と推測されるかもしれない。

しかし、実態は逆である。社会教育・生涯学習論での地域アマチュア芸術文化活動の位置づけは、一部の哲学的議論や事例紹介[12]を除けば、「余暇」の一部としてくくられたうえで、芸術文化活動を「あそび」から「教育・学習」に引き上げようとする志向性を反映したもの[13]だったり、もしくは、日本の「お稽古事の伝統の表れ[14]」だったりする。つまり、舞台発表につながるような地域アマチュア芸術文化活動は、文化行政からみれば、経済的な効果も薄く、対外的にcoolでもない趣味活動の一形態であり、社会教育・生涯学習行政からみても、公民館をはじめとする社会教育施設の存在意義を量的に補ってくれる「宿痾」としての趣味活動なのである。冒頭で紹介した俳句事件については、民間社会教育団体からのアピールなども提出されているが[15]、俳句の内容やその掲載の可否の問題と同時に、それに興味がない人からみれば「趣味」でしかない俳句のような地域アマチュア芸術文化活動を、行政としてどのように評価すべきかについて議論する必要があるのではないか[16]。

一方、地域アマチュア芸術文化活動家の視点に立てば、その所轄部署が曖昧になっていて、なおかつ自治体によって制度が異なっているがゆえに、さまざまな施設利用や助成申請をおこなえる意外な可能性も広がっている。アマチュア活動家にとっては、むしろこの宿痾を飼い慣らしながら、地域の教育・文化行政に参画していくという選択肢もあるのかもしれない。

注

（1）本章では、「地方における文化行政の状況について（平成二十三年度及び平成二十四年度）」にしたがって、便宜上、「芸術文化」を「芸術（美術、音楽、演劇、舞踊、映画、文学等）、芸能（講談、落語、浪曲、漫談、漫才、歌唱等）、生活文化（華道、書道等）及び国民娯楽（囲碁、将棋等）等」ととらえたうえで、「地域アマチュア芸術文化活動」について論じていく。

（2）この事件の詳細については、「「誤解される」大宮区の三橋公民館、九条の俳句を掲載拒否」（「埼玉新聞」二〇一四年七月四日付）、佐藤一子「公民館における政治的中立と学習・表現活動の自由――さいたま市大宮区三橋公民館の俳句掲載拒否問題を考える」（「月刊社会教育」第五十八巻第十号、国土社、二〇一四年、五〇―五九ページ）を参照した。

（3）川本直義／清水裕之／大月淳「市民吹奏楽団の練習場に関する研究――地域における公共施設の多目的利用の可能性」「日本建築学会計画系論文集」第五百八十号、日本建築学会、二〇〇四年、四六―四七ページ。なお、「学校」は利用料も無料であり、アンケート結果の「満足度」も高いが、市民団体が学校を練習場として用いることができるのは、団体が学校の部活動ＯＢを母体としているなどの、顧問とのコネクションがある場合に限られるという（同論文四七ページ）。

（4）詳細は、拙稿「長野県飯田市公民館（分館）活動にみる「余暇的教養」――鼎（かなえ）地区の事例から」（「社会教育」第六十八巻第三号、日本青年館公益事業部「社会教育」編集部、二〇一三年、六六―七〇ページ）を参照。

（5）本節について、宮坂広作『近代日本社会教育政策史』（国土社、一九六六年）、碓井正久『社会教育』（〔「戦後日本の教育改革」第十巻〕、東京大学出版会、一九七一年）、国立教育研究所編『社会教育』（〔「日本近代教育百年史」第七巻・第八巻〕、教育研究振興会、一九七四年）、牧野篤『〈わたし〉の再構築と社会・生涯教育――グローバル化・少子高齢社会そして大学』（大学教育出版、二〇〇五年）を参照。

（6）本節について、青山貴子「芸術文化活動がもたらす社会的成熟」（鈴木眞理／永井健夫／梨本雄太郎編著『生涯学習の基礎 新版』所収、学文社、二〇一一年、一六二―一七〇ページ）、新藤浩伸「戦後社会教育と文化行政」（「月刊社会教育」第五十七巻第一号、国土社、二〇一三年、一三―一九ページ）を参照。

（7）「港区社会教育関係団体登録要綱」（http://www.city.minato.tokyo.jp/reiki/reiki_honbun/g104RG00001161.html）［アクセス二〇一四年十月十九日］参照

（8）「社会教育関係団体一覧」（http://www.city.minato.tokyo.jp/shougaigakushu/syakaikyouiku.html）［アクセス二〇一四年十月十九日］参照
（9）「平成26年度さいたま市文化芸術都市創造補助金について」（http://www.city.saitama.jp/004/005/005/hojokin2.html）［アクセス二〇一四年十月十九日］参照
（10）川本直義「市民吹奏楽団の練習場と開かれた利便供与の枠組みに関する研究」名古屋大学大学院環境学研究科博士論文、二〇一〇年、七五ページ
（11）同論文一四二―一四三ページ
（12）畑潤／草野滋之編『表現・文化活動の社会教育学――生活のなかで感性と知性を育む』学文社、二〇〇七年、など
（13）遠藤和士／友田泰正「社会教育に対する文化行政論からの問題提起について――梅棹忠夫氏の文化行政論と『月刊社会教育』との比較考察」「大阪大学大学院人間科学研究科紀要」第二十六号、大阪大学大学院人間科学研究科、二〇〇〇年、一〇七―一二一ページ
（14）拙稿「カルチャーセンター研究史――生涯学習・社会教育研究における趣味講座の位置づけをめぐる試論的考察」「生涯学習・社会教育学研究」第三十三号、東京大学大学院教育学研究科生涯学習基盤経営講座社会教育学研究室紀要編集委員会、二〇〇九年、六七―七七ページ
（15）社会教育推進全国協議会「三橋公民館だよりにおける俳句掲載拒否への抗議と要望」（http://japse.main.jp/iken-main/kougi-saitama-mihasikouminkan）［アクセス二〇一四年十月十九日］
（16）趣味活動の公共性を模索する一つの参照点として、浅野智彦『趣味縁からはじまる社会参加』（〔若者の気分〕、岩波書店、二〇一一年）。

第4章

# 学校教育と発表会

宮入恭平

## 1　部活動の夏合宿

高校時代に同級生だった旧友が経営するR高原のホテルTに宿泊したのは、二〇一三年の夏の終わりのことだった。ホテルTがあるR高原は、わたしが生まれ育った町に隣接していた。めったに混み合うことがないその町のビジネスホテルは、その日に限ってなぜか満室だった。思案したあげくに思い浮かんだのが、R高原のホテルTだった。偶然とはいえ、そこに宿泊したことで、高校生の部活動に関する新たな視座を獲得することができたのは幸運だった。一般論として、高原のホテルやペンションは、スキーやスノーボードでにぎわいをみせる冬場が繁忙期となる。言い換えれば、夏場は閑散期というわけだ。もちろん、高原という格好の立地から「避暑」という利点があることは言うまでもない。そして当然のことながら、R高原で運営している多くのホテルやペンションは、その立地条件をビジネスに有効活用しているのだ。

R高原にあるホテルやペンションが夏場の閑散期対策として取り入れているのは、体育会系を中心とする高校生や大学生の夏合宿だ。もちろん宿泊施設の規模にもよるが、冬場にはスキーやスノーボードの宿泊客を迎え入れているのだから、多くのホテルやペンションにはそれなりの収客能力がある。例えば、旧友が経営するホテルTは、体育会系の生徒や学生の合宿先として知られるようになっている。R高原のなかでも一、二を争う規模のホテルTには、二階建ての体育館、二つのグラウンド、そして屋内プールが完備されている。二〇一四年一月十二日に放送された番組『集団行動SPECIAL』（テレビ朝日系）では、大学生のマスゲームの合宿会場としてホテルTが映し出されていた。

学生の団体客を数多く受け入れていることから、ホテルTには比較的大人数で宿泊可能な大部屋が多くある。わたしが案内された部屋も例外ではなく、おそらく七、八人は宿泊できるだけの広さと寝具が備え付けてあった。贅沢にもわたしは、その部屋にたった一人で宿泊した。わずか一泊だけの滞在だったが、東京の猛暑とは比較にならないほどの涼気が心地よく感じられた。朝食のレストランは、体育会系の学生たちでにぎわっていた。なるほど、これなら夏場の閑散期にも悩むことなく、むしろ繁忙期に転化することさえできるだろう。チェックアウトまで時間があったので、ロビーで朝練へ向かう学生たちを眺めていると、旧友が声をかけてきた。コーヒーを飲みながらしばらく彼と世間話をしていると、学生の夏合宿の話題になっていた。当然、体育会系の学生の話になると思っていたのだが、意外なことにそうではなかった。ロビーの大きな窓ガラスの向こうを指さしながら、彼は言った。「あそこにペンションがあるだろう、軽音楽部の高校生が合宿しているんだよ」——そこで初めて、わたしは軽音楽部の合宿が増えているという事実を知った。現実の社会では、しばしば耳にする「若者の音楽離れ」と逆行する現象が起こっていたのだ。

R高原には、スタジオを完備したバンド合宿が可能なホテルやペンションが全部で七軒ある。旧友が経営するホテルTから徒歩三分ほどの場所にあるペンションGは、軽音楽部に所属する高校生たちから「聖地」と呼ばれていた。後日、ペンションGの経営者に話を聞いてわかったことだが、そのペンションで合宿をおこなった高校は必ずコンテストに入賞するという噂が、軽音楽部の生徒たちのあいだに広まっていたのだ。[1] わたし自身、そのペンションには見覚えがあった。もっとも、わたしの認識では、そのペンションはあくまでもスキーヤーやスノーボーダーのためのものであり、軽音楽部の夏合宿に使われているとは、ましてや、そこが軽音楽部の高校生たちの「聖地」になっているとは想像もつかなかった。ペンションGが閑散期にバンド合宿を受け入れるようになったのは、いまから二十年以上前の一九九〇年、高校の軽音楽部が頻繁に利用するようになったのは二〇〇〇年以降になってからだ。つまり、最近の『けいおん!』ブームとは無関係に、高校の軽音楽部は継続的に活動してきたというわけだ。

## 2　軽音楽部と『けいおん!』ブーム

軽音楽部の人気が高まる要因として、しばしばマンガやテレビアニメ『けいおん!』[2]の影響があげられる。かきふらい原作の『けいおん!』は、まず四コママンガとして、二〇〇七年に「まんがタイムきらら」(芳文社)に掲載された。以降、コミック(二〇〇八―一二年)、テレビアニメ(TBS系、二〇〇九―一〇年)、そして映画(制作:京都アニメーション、配給:松竹、二〇一一年)とメディア展開され、音楽産業や観光産業には大きな恩恵がもたらされた。[3] 例えば、『けいおん!』のキャラクターが使用している楽器や、テレビアニメや映画の挿入歌が収録されたCDの好調な売れ行きによって、楽器市場やCD市場は活気を取り戻した。〇九年発売のミニアルバム『放課後ティータイム』は、八月三日付の週間アルバムランキングで初登場一位を獲得した。アニメのキャラクター名義で発売された作品が一位を獲得したのは史上初のことだった。(4)ある楽器店では、映画『けいおん！』が公開された一一年の十二月ごろからギターやベースを購入する若者が増えはじめ、前年の同じ月と比較すると売り上げが三割ほど伸びたという。(5)また、アニメの校舎モデルとなった豊郷小学校旧校舎群がある滋賀県犬上郡豊郷町(6)や、楽器店10GIAのモデルとなった京都市内のJEUGIA三条本店を(7)「聖地巡礼」として訪れるコンテンツツーリズムも話題になった。(8)『けいおん！』をきっかけとして、軽音楽部に入部する生徒も増えているようだ。二〇一〇年と一一年の調査(9)によると、『けいおん！』の登場人物が結成したバンド・放課後ティータイムの作品をカヴァーする高校生バンドは上位に入っている。例えば、一〇年には、調査対象となった東京都内の高校生バンド七十五バンドのうち、アルバム『放課後ティータイム』をカヴァーしたのは四バンド（八位）、また、アルバム中特に人気の高い楽曲「Don't say "lazy"」がカヴァーされたのは四回（同率首位）だった。一一年には、調査対象となった十代のバンド百七十三組のうち、『放課後ティータイム』をカヴァーしたのは十三バンド（三位）、「Don't say "lazy"」をカヴァーしたのは七バンド（二位）だった。もっとも、軽音楽部の入部を希望するすべての生徒が『けいおん！』の影響を受けているわけではない。最近の軽音楽部の盛り上がりの背景には、さまざまなコンテストを企画して若年層を取り込もうとする音楽産業の思惑もある。二〇〇〇年代以降、高校生のあいだでは、ヨコハマ・ハイスクール・ミュージック・フェスティバル（二〇〇〇年―）、Hジェネ祭り（二〇〇七―一〇年)、閃光ライオット(二〇〇八年―)といったコンテストが話題になってきた。『けいおん!』ブームは、軽音楽部の活性化に貢献したというよりはむしろ、軽音楽部の再認識をうながしたものとして評価すべきだろう。そして軽音楽部の人気は、音楽産業よりも学校教育との関係から見直す必要がある。二〇一二年十月現在、都立S高校の軽音部は総勢百四十七人、バンド数は三十五にのぼる。全校生徒八百十六人中、約一八%が軽音部に在籍していることになる。顧問の教諭は、「軽音部目当てで入学してくる生徒は多く、ここ数年で部員が倍増した。保護者は一九八〇年代後半―九〇年代前半のバンドブームを経験していて、軽音への理解も深い[10]」と語っている。軽音楽部が有名だからという理由で、S高校を志望して入学したという生徒もいるほどだ[11]。軽音楽部に入れば、自由に音楽活動ができると期待する生徒も多くいるだろう。しかし、好むと好まざるとにかかわらず、軽音楽部はあくまでも学校教育の一環として機能しているのだ。

## 3 健全な部活動としてのロック

高校の軽音楽部の人気を受けて、全国高等学校文化連盟に加盟している四十七都道府県の高等学校文化連盟のうち、軽音楽の部門を独立させた高等学校軽音楽部連盟[12]なる組織を設置する地域がみられるようになってきた。各地域の軽音楽部連盟が掲げている軽音楽部の活動方針からは、「バンド指導こそ、最高の教育実践の機会[13]」「部活動を通じての生徒の健全なる精神の育成を優先[14]」「練習や普段の生活はきっちりと、ステージ上ではカッコイイ高校生バンドマンになろう」[15]といった、あくまでも「教育の一環としての部活動」という位置づけを読み取ることができる。さらに、軽音楽部連盟が主催するコンテストも開催されている。二〇一三年には全国規模で開催されるようになったが、その前身は関東地区の軽音楽部連盟主催によるコンテストだった。〇六年に第一回高等学校軽音楽コンテスト南関東大会が開催された。当初は神奈川県、東京都、千葉県の軽音楽部連盟が中心となっていたが、その後、埼玉県、茨城県、山梨県が参加した。そして、一一年には群馬県、栃木県、静岡県が加わり、名称から「南」の文字が取り除かれ、第一回高等学校軽音楽コンテスト関東大会が開催された。一二年の第二回高等学校軽音楽コンテスト関東大会には長野県が参加し、一三年には宮城県、愛知県、大阪府、奈良県、広島県が参加して第一回全国高等学校軽音楽コンテストが開催された[16]。

かつて、高等学校軽音楽コンテスト南関東大会に参加したことがあるというナマの声が、インタビュー記事として掲載されている。そこには、「大会自体が「高校生には高校生なりの音楽があるんじゃないか」って感じなんですよ[17]」と、あくまでも教育の一環としての部活動をうかがわせる言葉がつづられている。軽音楽部にも、「甲子園球児」のような「高校生らしさ」が求められているというわけだ。そのインタビューに応えたのは、R高原のペンションGで合宿をおこなっている都立D高校の軽音楽部に在籍していた三人のOGだった。D高校の軽音楽部では日常的に、朝七時からの朝練、昼休み、放課後と、一日に四時間以上も練習に費やしている。さらに、「茶髪禁止」「スカートはひざ丈」「遅刻厳禁」「あいさつや礼儀作法の徹底」といった、体育会系の部活動のような、あるいは吹奏楽部のような、ある種の健全な規律のもとでの指導がおこなわれている。厳しい指導に音を上げて退部する生徒も少なくないようだ。[18] インタビューに応えたD高校ＯＧの三人も、軽音楽部に在籍していた当時の経験を語っている。

ちこ　陽の光を浴びるのは体育の時間だけだったよね。
ありか　朝もまだお月様が出てる感じだし、体育がないと、太陽に会えない（笑）。だいたい年に五日ですね、日の高いうちに帰れるのは。
——運動部だって、ナイター施設がなければ日没で部活はオシマイだけど、音楽室は電気が使えるからなぁ。
せんと　運動部は雨の日もお休みなんだよなぁ。
——音楽室は雨風しのげるからなぁ。
せんと　なんも関係ない（笑）。
ありか　まさかの生活でした……。[19]

彼女たちのインタビュー記事の文面から、さらには「（笑）」という表記からも、「厳しかった高校時代の部活動を振り返りながら、いまとなっては懐かしい思い出に浸っている」という解釈ができる。そして彼女たちは、R高原のペンションGでの合宿についても以下のように語っている。

ちこ　あと、夏休みだと合宿ですね。曲が間に合わないから寝れないし。
――「曲が間に合わない」って？
ありか　夏休み、四泊五日で奥志賀に合宿に行くんですよ。
――あぁ、冬はスキー客が来るけど、夏はヒマだからって貸しスタジオをやってるリゾートホテルにでしょ。
ありか　そうです。そこに行って、四日のうちに一曲、オリジナルを作らなきゃいけないんですよ。
（略）
ありか　選曲はもちろん先生で、毎年スゴく難しい曲なんですよ。特にギターが難しい曲。ドラムだからちょっと余裕があるんだけど、ギターはいつもその横で必死こいてました。で、朝の練習が五時半だっけ？
せんと　四時半かな。
ちこ　とにかく陽が昇ったら始まる設定で（笑）。
せんと　終わりが（深夜）一時か二時くらいの設定でね。
ありか　丸一日スタジオは開けてるんだけど、バンド数がいつもより多いから（ひとつのバンドが）入れる時間は少ないし、でも、覚える曲は多いし、キツさは普段以上ですね。
せんと　だから、寝れない（笑[20]）。

R高原のペンションGの経営者によると、D高校の教諭がペンションGを合宿先に選んだのは二〇〇二年のことだった。(21) それ以前もペンションGではバンド合宿を受け入れてきたが、多くは大学生の音楽サークルだったという。大学生の場合は、サークルが直接ペンションに合宿の予約を入れるのではなく旅行会社を仲介することが多いため、どのような学生が宿泊するのかを事前に知るすべがない。さらに、大学生は夏合宿を、音楽練習ではなくレジャーとしてとらえる傾向があり、特に問題視されるのが飲酒にまつわる騒動だ。急性アルコール中毒や器物破損など、大学生の音楽サークルがさまざまな騒動を引き起こしているのも事実だ。思い起こせば、大学生のときに音楽サークルに在籍していたわたし自身も、確かに夏合宿をレジャーとしてとらえていた。実際のところ、当時の夏合宿の記憶をたどれば、音楽練習よりも飲酒を伴う打ち上げのほうが鮮明だ。ペンションGでも、問題を起こす大学生よりは、従順で真面目な高校生を歓迎しているようだ。(22) 高校の合宿は、あくまでも部活動という教育の一環としておこなわれている。インタビューからは、D高校の軽音楽部顧問の教諭が、合宿中も生徒たちの生活指導を実践している様子をうかがい知ることができる。

ちこ　ご飯も残しちゃダメだし。

――そんなペースで練習してると、メシ食う元気なんてないでしょ?

せんと　でも、ご飯一粒残しちゃいけない。先生が見て回るんです。

ありか　時間にも厳しいんで、ご飯に遅れると「ルールも守れないのか!」ってスッゴい怒られるし。(23)

普段の部活でも、そして合宿中も、軽音楽部では規律正しい生活態度が重視されていて、バンド演奏は健全な精神あってこそ、という解釈が可能になる。こうした厳格な指導だけが要因ではないだろうが、実際にD高校の軽音楽部に所属するバンドは数多くのコンテストに入賞している。東京都高等学校音楽コンテストでは、二〇〇八年と〇九年にグランプリ、一一年に特別賞、一二年には準グランプリを獲得している。また、一三年の第一回全国高等学校軽音楽コンテストでは、グランプリを受賞している。[24]「運動部に負けない文化部を作る」[25]という信念を抱くD高校の軽音楽部の顧問は、「軽音部はアンプを通した吹奏楽部。ロックスピリットを教えようとは思っていない」[26]と断言していて、あくまでも「不健全なロック」を「健全な部活動」という文脈に書き換えているのだ。

## 4　物語を必要とする部活動

軽音楽部と同様に、吹奏楽部も人気が高い部活動の一つになっている。[27]例えば、全日本吹奏楽連盟に加盟している団体数の推移からも、その人気をうかがい知ることができる。小学校、中学校、高校、大学、職場、そして一般からなる加盟団体の合計数は、二〇一一年から一二年のあいだに四十団体が減少しているが、中学校では九団体（七千百九十五団体から七千二百四団体）、高校では十九団体（三千七百九十二団体から三千八百十一団体）の増加がみられる。[28]また、〇〇年代以降のドラマや映画、そしてマンガといったポピュラー文化のメディアからも、その人気を確認することができる。[29] 吹奏楽部は「ブラバン」という呼称で親しまれているが、そこに含まれる音楽ジャンルは、クラシックからJ－POPまでさまざまだ。しかし、「ブラバン」が奏でる音楽は、あくまでも吹奏楽部用にアレンジされたものだ。つまり、「ブラバン」では「クラシック的なる音楽」、あるいは「J－POP的なる音楽」が演奏されていて、その文脈では「ブラバン」が一つの音楽ジャンルとして認識されている。[30]

二〇一四年二月十二日に『熱血！ブラバン少女』（SME）というタイトルでCDデビューを果たした福岡県の精華女子高等学校吹奏楽部は、全日本吹奏楽コンクールで金賞を九回受賞している。また、テレビ番組『一億人の大質問!? 笑ってこらえて！』（日本テレビ系列、一九九六年―）の人気コーナー「吹奏楽の旅」でも取り上げられている。精華女子高等学校のウェブサイトでは、人気と実力を兼ね備えた吹奏楽部の活躍が紹介されている。[31] 精華女子高も金賞を受賞した全日本吹奏楽コンクールは、東京都杉並区の普門館でおこなわれていた。一九七二年から全日本吹奏楽コンクールの主に中学と高校部門の舞台として使われていたこの会場は、所有する立正佼成会が同会館の耐震改修や建て直しを断念したために、二〇一二年以降の使用ができなくなってしまった。[32] 普門館は吹奏楽に取り組む中学生や高校生にとっての「聖地」となっていて、「吹奏楽の甲子園」とさえ呼ばれていた。残念ながら、彼女／彼らは吹奏楽の「聖地」をめざすことはできなくなってしまったが、それでも吹奏楽部の人気は衰えることがないようだ。吹奏楽に取り組む生徒たちには、「ブラバン」というジャンルのもとでの「物語」が共有されている。彼女／彼らは「ブラバン」の「音楽」

にではなく、「学校生活」「青春」「若者らしさ」といった「物語」に関心を寄せている。そのような「物語」は、テレビや映画、あるいはマンガといったメディアによって再生産されている。[33] そして、そこで共有される「物語」には、学校教育という文化的背景――言い換えると、健全さ――が付きまとっているのだ。

吹奏楽部も軽音楽部も、現在では高校生たちのあいだで人気がある部活動として認識されていることにまちがいないだろう。そして、両者はともに、学校教育の一環としての部活動であることに変わりはない。しかし、この二つの部活動のあいだには、両者を隔てる目には見えない壁が存在しているようだ。高校生が音楽を実践する空間を、「フォーマルな空間」「セミフォーマルな空間」、そして「インフォーマルな空間」に類型化して分析している研究[34]がある。「フォーマルな空間」には、学校で正当化された知識を扱い評価が伴う音楽の授業や吹奏楽部のようなクラシック音楽系部活動があてはまる。その対極に位置する「インフォーマルな空間」には、日常的な知識は扱うが評価を伴わないライブハウスやレコード店があてはまる。そして、「セミフォーマルな空間」にあてはまるのが、日常的な知識として存在する半面、演奏や作曲の技能による序列づけという学校のような評価を伴う軽音楽部のようなポピュラー音楽系の部活動や学外のバンド・コンテストだ。ここで指摘されているのは、軽音楽部があてはまる「セミフォーマルな空間」の歴史がほかの二つの空間と比べて浅いことだ。「セミフォーマルな空間」は一九八〇年代以降、ポピュラー文化が学校教育に取り入れられるようになったことによって成立した[35]というわけだ。

「セミフォーマルな空間」の立ち位置は、D高校の軽音楽部顧問の「運動部のような文化部」や

「軽音部はアンプを通した吹奏楽部」といった言葉から推測することができる。そもそも、学校教育の場にふさわしくない軽音楽（あるいはポピュラー音楽やロック）を、どのように学校教育の場に取り入れるのか。その最善策が、軽音楽（ポピュラー音楽やロック）の健全化——例えば、厳格で規律正しい運動部や、学校教育を背景とする「物語」を共有する吹奏楽部との同化——というわけだ。D高校のOGたちが語った「厳しかった高校時代の部活動を振り返りながら、今となっては懐かしい思い出に浸っている」[36]という軽音楽部での経験は、「つらかった練習もいまとなっては楽しい思い出」という「物語」が共有される吹奏楽部での経験と共通している。軽音楽部では、吹奏楽部と同様に、学校教育という文化的背景を伴う「物語」が共有され始めているのかもしれない。吹奏楽部も軽音楽部も、学校教育の一環としての部活動であるならば、健全化は必須の条件になるだろう。

## 5 競争と共同のあいだで

軽音楽部や吹奏楽部は、学校の部活動として位置づけられている。しかし、学校教育の現場では、部活動の位置づけが時代によって大きく変化してきた。二〇〇八年に改訂された文部科学省の学習指導要領では、部活動に関して「生徒の自主的、自発的な参加により行われる部活動については、スポーツや文化及び科学等に親しませ、学習意欲の向上や責任感、連帯感の涵養等に資するものであり、学校教育の一環として、教育課程との関連が図られるよう留意すること。その際、地域や学校の実態に応じ、地域の人々の協力、社会教育施設や社会教育関係団体等の各種団体との連携などの運営上の工夫を行うようにすること」[37]と言及している。これは、「生徒の自発的・自主的な活動として行われている部活動について、学校教育活動の一環としてこれまで中学校教育において果たしてきた意義や役割を踏まえ、教育課程に関連する事項として、学習指導要領に記述することが必要である」[38]という、中央教育審議会の学習指導要領に対する改善に向けた答申を受けてのことだ。日本の部活動の状況をみると、全国の公立中学校での部活動加入率は平均で八八・五％に及んでいる。[39]また、七九・一％が高校時代に部活動を経験しているというデータもある。[40]多くの生徒が部活動に参加しているにもかかわらず、学習指導要領には部活動に関しては「総則」のなかのわずか一文でしか言及されていない。

現在では名目上、特別活動という学校教育の一環として位置づけられている部活動の変遷は、学習指導要領を過去にさかのぼって確認することができる。[41]一九六八年から七〇年にかけての学習指導要領改訂で部活動が教育課程として明文化されたが、それ以前はクラブ活動が部活動の役割を担っていた。四七年には最初の学習指導要領で「自由研究」が教科として位置づけられた。このなかに「クラブ組織による活動」が含まれていて、それが現在の特別活動の原点ともいわれている。その内容は、「学年の区別を去って、同好のものが集まって、教師の指導とともに、上級生の指導もなされ、いっしょになって、その学習を進める組織、すなわち、クラブ組織をとって、この活動のために、自由研究の時間を使っていくことも望ましいことである」[42]というものだ。五一年の学習指導要領改訂では、特別活動の前身でもある「自由活動」は、小学校では「教科以外の教育活動」、中学・高校では「特別教育活動」の名称のもとで、教育課程のなかに位置づけられた。特に注目すべき点は、「特別活動は、教科を中心として組織された学習活動ではないいっさいの正規の学校活動である」と記載されていることだ。また、「教科に重点を置き過ぎるあまり特別教育活動が軽視されることのないように注意しなければならない」[43]とも記されている。六九年と七〇年の学習指導要領ではクラブ活動の必修化に伴い、教育課程としてのクラブ活動と教育課程外の部活動が併存することになった。しかし、その曖昧な線引きから学校現場では混乱が生じ、結果として八九年の中学校と高等学校の学習指導要領では、「クラブ活動については、学校や生徒の実態に応じて実施の形態や方法などを適切に工夫するよう配慮するものとする。なお、部活動に参加する生徒については、当該部活動への参加によりクラブ活動を履修した場合と同様の成果があると認められるときは、部活動への参加をもってクラブ活動の一部又は全部の履修に替えることができるものとする」[44]という、必修のクラブ活動が部活動の参加によって代替できる措置がとられた。さらに、九八年と九九年の学習指導要領では、必修だったクラブ活動が廃止となり、生徒の自主的で自発的な活動を基盤とする部活動が残された。

現在では多くの生徒が部活動に参加しているが、それはあくまでも生徒本人の自発性が前提となる。その一方で、部活動と同様に特別活動のなかに位置づけられている学校行事は、全校または学年という集団単位での参加が求められることから、部活動以上により多くの生徒が義務的に参加することになる。学習指導要領には、「学校行事を通して、望ましい人間関係を形成し、集団への所属感や連帯感を深め、公共の精神を養い、協力してよりよい学校生活や社会生活を築こうとする自主的、実践的な態度を育てる」[45]という目標が掲げられている。学校行事はそれぞれの特徴から、「儀式的行事」「文化的行事」「健康安全・体育的行事」「旅行・集団宿泊的行事」「勤労生産・奉仕的行事」の五種類に分けられる。そのなかで、「平素の学習活動の成果を発表し、その向上の意欲を一層高めたり、文化や芸術に親しんだりするような活動を行う」文化的行事には日頃の練習成果を披露する発表会があり、代表的なものとして学芸会や合唱コンクールなどが含まれる。例えば、文化的行事としておこなわれる合唱コンクールは、クラス対抗といった競争性を含みながら、音楽という教科での日頃の成果が発揮されることになる。もっとも、学校行事としてのコンクールには、単に競い合うというだけではなく、帰属意識や達成感を高めるための教育的な配慮も付与されている。[46]結果的に、学校行事にみられる競争性には、その対極にある共同性という要素も含まれることになる。そして、日頃の成果を全国高等学校軽音楽コンテストや全日本吹奏楽コンクールで発揮するという、表面的には競争性が強調される軽音楽部や吹奏楽部のような部活動にも、学校教育での共同性をはらんだ競争性が影響を及ぼしているのだ。

## 6　発表会を内面化させる装置

部活動や文化的行事といった特別活動は海外でもおこなわれているが、学校教育と密接にかかわっているのは日本に特化した傾向のようだ。[47]例えば、欧米では地域コミュニティーでの課外活動が主流となっていて、学校の放課後を利用した課外活動はほとんどおこなわれていない。もちろん、学校対抗でおこなわれるスポーツ活動などはあるが、そこに含まれるのはコンペティション（競技）という競争性であり、日本の共同性を孕んだ競争性とは性格が異なっている。部活動のなかでも運動部に特化した場合、日本は「一般生徒の教育活動」、アメリカは「少数エリートの競技活動」、そしてイギリスは「一般生徒のレクリエーション」という総括的な特徴[48]がみられる。もっとも、ここで取り上げられている運動部活動という概念そのものが、アメリカやイギリスでそのまま通用するものではないことには留意する必要がある。さらに、世界各国の課外活動の実践には、それぞれの社会や文化的な背景が関連している[49]。

学校教育での部活動や文化的行事にみられる共同性をはらんだ競争性は、発表会文化をうながす要因になっている。例えば、欧米ではプロをめざす限られた人だけがバレエ学校へ通う。一方、日本では誰でも気軽にバレエ教室へ通い、バレエを習うことができる。若手の登竜門として名高いローザンヌ国際バレエコンクールでは、二〇一二年に神奈川県在住の女子高校生が、一四年には長野県在住の男子高校生がそれぞれ優勝を果たした[50]。当然のことながら彼女／彼らは、共同性をはらんだ競争性ではなく、あくまでも競争性のもとでバレエのレッスンを積み重ねてきたのだ。昭和音楽大学の舞台芸術センターバレエ研究所では、文部科学省の研究支援事業の一環として、〇八年度から日本のバレエ教育に関する研究をおこなっている。それによると、日本にはおよそ四千六百三十ものバレエ教室がある[51]。そして、バレエを習う人口は四十万人にも達している[52]。この数字が、日本のバレエ文化の裾野の広がりを表している、という声も聞かれる。もっとも、バレエを習うすべての人たちが競争性を伴うコンクールでの入賞をめざしているわけではない。むしろ、その多くはバレエを気軽に通える習い事と考えている。そのような人たちにとっては、日頃の練習成果を披露する場が、コンクールではなく発表会となる。(53)

学校教育での部活動や学校行事には、好むと好まざるとにかかわらず、共同性を孕んだ競争性が含まれている。言い換えれば、日頃の成果を披露する行為は、学校教育のなかで無自覚のうちに内面化される。したがって、学校教育を修了してからも、習い事などで身につけた日頃の成果を披露するのは当然だという認識が、多くの人々のあいだで共有されるようになるのだ。

注

（１）R高原のペンションGの経営者（匿名）へのインタビュー。六十代の夫婦で経営していて、ほかに従業員はいない。二〇一三年九月十九日に取材。

（２）「若者が『けいおん！』をきっかけに軽音楽へ　ギター、ベース購入増」「山陽新聞」二〇一二年二月三日付

（３）桜高軽音部研究室『けいおん！の真実』（サクラ新書）、笠倉出版社、二〇一一年

（４）ORICON STYLE「〝けいおん！〟の放課後ティータイム、アニメキャラとして史上初の一位」(http://www.oricon.co.jp/news/67988/full/)［二〇一四年十月九日アクセス］

（５）前掲「若者が『けいおん！』をきっかけに軽音楽へ　ギター、ベース購入増」

（６）「豊郷小学校旧校舎群訪問ガイド」(http://toyosatoguide.web.fc2.com/index.html)［二〇一四年十

月九日アクセス〕

（7）「「けいおん！」京の楽器店が〝聖地〟に？ テーマ曲は記録的ヒット」「毎日新聞」二〇〇九年六月二十六日付

（8）コンテンツツーリズムに関しては、増淵敏之『物語を旅するひとびと――コンテンツ・ツーリズムとは何か』（彩流社、二〇一〇年）や岡本健『n次創作観光――アニメ聖地巡礼／コンテンツツーリズム／観光社会学の可能性』（北海道冒険芸術出版、二〇一三年）などが参考になる。

（9）成松哲編「kids these days!――いまどきの十代に聞いたリアルな「けいおん！」の話。」vol.1・vol.2、二〇一一―一二年

（10）「高校軽音部、体育会系顔負け――黒髪・朝練・礼儀指導徹底」「朝日新聞」二〇一二年十月九日付

（11）前掲「kids these days!」vol.2、三七ページ

（12）「全国高等学校文化連盟」（http://www.kobunren.or.jp/index.html）〔二〇一四年十月九日アクセス〕

（13）「高等学校軽音楽部連盟大阪」（http://www.keionrenosaka.com/about.html）〔二〇一四年十月九日アクセス〕

（14）「埼玉県高等学校軽音楽連盟」（http://music.geocities.jp/keionsaitama/）〔二〇一四年十月九日アクセス〕

（15）「宮城県軽音楽連盟」（http://www.koubunren.myswan.ne.jp/senmon/17.html）〔二〇一四年十月九日アクセス〕

（16）「全国高等学校軽音楽コンテスト運営委員会」（http://www.kanagawa-keion.jp/zenkoku/histry.html）〔二〇一四年十月九日アクセス〕

（17）前掲「kids these days!」vol.1、一一ページ

(18) 前掲「高校軽音部、体育会系顔負け」
(19) 前掲「kids these days!」vol.1、一三―一四ページ
(20) 同誌一四―一五ページ
(21) その教諭は当時、D高校の勤務ではなかった。OGへのインタビューでは、「都立の先生には人事異動がありますよね？」という質問に対して、「(その) 先生のいた学校の軽音部はどこもスゴいんです。で、違う学校のOB、OGの人たちもわたしたちに教えに来てくれたりするんですよ」と答えている。前掲「kids these days!」vol.1、一四ページ
(22) R高原のペンションGでは、二〇一三年に十一校 (高校が七校、大学が四校) が合宿をおこない、平均すると一校につき四十人が参加していた (R高原のペンションG経営者へのインタビューから)。
(23) 前掲「kids these days!」vol.1、一五ページ
(24)「東京都高等学校軽音楽連盟」(http://www.tokyo-keion.com/)［二〇一四年十月九日アクセス］
(25) 前掲「kids these days!」vol.1、一五ページ
(26) 前掲「高校軽音部、体育会系顔負け」
(27) 宮入恭平／歌川光一「青少年期の音楽経験とその後――「ブラバン (吹奏楽部)」と「けいおん (軽音楽部)」」「音楽文化の創造」第七十号、音楽文化創造、二〇一四年、一五―一八ページ
(28) 二〇一二年十月現在の全日本吹奏楽連盟加盟団体数の推移。全日本吹奏楽連盟会報「すいそうがく」第百九十三号、全日本吹奏楽連盟、二〇一三年
(29) 吹奏楽部を扱ったドラマや映画には『L×I×V×E』(TBS系、一九九九年)、『スウィングガールズ』(監督：矢口史靖、配給：東宝、二〇〇四年)、『ブラブラバンバン』(監督：草野陽花、配給：トルネード・フィルム、二〇〇八年) などがある。また、マンガには、柏木ハルコ『ブラブラバ

ンバン』（小学館、一九九九―二〇〇〇年）、米根真紀『小桧山中学吹奏楽部』（ラポートコミックス、二〇〇二年）、田川ちょこ『ひかるファンファーレ』（芳文社、二〇〇七―一〇年）、都桜和『うらバン！浦和泉高等学校吹奏楽部』（芳文社、二〇〇七―一一年）、宇佐悠一郎『放課後ウインド・オーケストラ』（集英社、二〇〇八―〇九年）、河原和音『青空エール』（集英社、二〇〇八年）、鶴ゆみか『ブラボー!―Brass Boy――暴走系吹奏楽列伝』（講談社、二〇〇九年）、ミキマキ『ヒビキノBB――男子校吹奏楽部ライフ』（秋田書店、二〇一〇年）、神海英雄『SOUL CATCHER(S)』（集英社、二〇一三年）などがある。また、松永良平監修『音楽マンガガイドブック――音楽マンガを聴き尽くせ』（ディスクユニオン、二〇一四年）も参考になる。

（30）阿部勘一「「ブラバン」の不思議――〈ブラスバンド〉の社会史をひもとく目的と視点」、阿部勘一／細川周平／塚原康子／東谷護／高澤智昌『ブラスバンドの社会史――軍楽隊から歌伴へ』（青弓社ライブラリー）所収、青弓社、二〇〇一年、一七―一九ページ

（31）「精華女子高等学校」(http://www.seika-ghs.ed.jp/c_band.html)［二〇一四年十月九日アクセス］

（32）「「普門館」音色途絶える　吹奏楽コンの聖地、改修を断念」「朝日新聞」二〇一三年十一月十四日付

（33）前掲「「ブラバン」の不思議」二七ページ

（34）小泉恭子『音楽をまとう若者』勁草書房、二〇〇七年、三四ページ

（35）同書三四ページ

（36）こうした言説は、「吹奏楽（部）」というイメージの表象として理解することができる。前掲「「ブラバン」の不思議」一七ページ

（37）文部科学省『中学校学習指導要領解説――特別活動編』ぎょうせい、二〇〇八年、一一六ページ、

文部科学省『高等学校学習指導要領解説――特別活動編』ぎょうせい、二〇〇九年、九八ページ
(38) 文部科学省「幼稚園、小学校、中学校、高等学校及び特別支援学校の学習指導要領等の改善について（答申）」(http://www.mext.go.jp/a_menu/shotou/new-cs/information/1290361.htm)［二〇一四年十月九日アクセス］
(39) 中澤篤史『運動部活動の戦後と現在――なぜスポーツは学校教育に結び付けられるのか』青弓社、二〇一四年、二一四ページ
(40) 浅野智彦『趣味縁からはじまる社会参加』（若者の気分）、岩波書店、二〇一一年、九九ページ
(41) 小林誠「学習指導要領からみる部活動に関する一考察――部活動における教師の役割の歴史的変遷」「早稲田大学大学院教育学研究科紀要」別冊第十九号―二、二〇一二年、早稲田大学大学院教育学研究科、一九一―二〇一ページ
(42) 文部省「学習指導要領一般編（試案）」アドバンテージサーバー、一九四七年
(43) 文部省「学習指導要領一般編（試案）」構造社出版、一九五一年
(44) 文部省『中学校学習指導要領』ぎょうせい、一九八九年、文部省『高等学校学習指導要領』ぎょうせい、一九八九年
(45) 前掲『中学校学習指導要領解説』七四ページ、前掲『高等学校学習指導要領解説』五七ページ
(46) 学校行事がどのように編成され構造化されているのかを、競争性と共同性という基準から探る分析がおこなわれている。山田真紀／藤田英典「学校行事における活動の編成形態――活動の公開制／非公開性と競争性／共同性に注目して」「東京大学大学院教育学研究科紀要」第三十六巻、東京大学大学院教育学研究科、一九九六年、一六一―一七四ページ
(47) アメリカで教育を受けた女性（匿名）とのメール（二〇一三年十一月二十五日）、ハワイで育児を

している女性（匿名）とのメール（一三年十一月二十五日）、および、オーストラリアと香港で教育を受けた男性（匿名）へのインタビュー（一三年十二月十八日）。
（48）前掲『運動部活動の戦後と現在』五〇ページ
（49）例えば、二宮皓編著『世界の学校――教育制度から日常の学校風景まで』（学事出版、二〇〇六年）では、ドイツ、フランス、フィンランド、ロシア、中国、イギリス、オーストラリア、アメリカ、韓国、シンガポール、タイ、インドネシア、ブラジル、そしてケニアでの、課外活動を含む学校生活の様子が描かれている。
（50）「ローザンヌ国際バレエ、日本の高校生が一・二位」「朝日新聞」二〇一四年二月二日付
（51）「昭和音楽大学舞台芸術センター　バレエ研究所」（http://www.tosei-showa-music.ac.jp/balle-tresearch/research/group/group02.html）［二〇一四年十月九日アクセス］
（52）海野敏／高橋あゆみ／小山久美「日本のバレエ学習人口とバレエ参加率に関する大規模社会調査の比較分析」「東洋大学社会学部紀要」第五十巻第一号、東洋大学社会学部、二〇一二年、五一―六五ページ
（53）宮入恭平「拡散する発表会文化――コンクールと発表会」「音楽文化の創造」第六十四号、音楽文化創造、二〇一二年、一五―一八ページ

# 第5章　発表会が照らす公共ホールの役割

氏原茂将

## 1 公共ホールとはなにか

「主催者のあいさつにつづき、来賓のあいさつも終わると、すぐに合唱が始まった。古めかしい唱歌が響く。三曲ほど歌い終えると緞帳が降りる。わずかな幕間を経て、吟詠、大正琴の合奏とつづいた次の演目は、一転してフラダンス。子どもたちの和気あいあいとした雰囲気がほほ笑ましい。そしてクラシックバレエ、ヒップホップダンスと古今東西の舞台が繰り広げられるが、いずれも観客以上に演者が楽しんでいるようだ。

昼どきが近づいても目まぐるしく入れ替わるホールの外に出てみると、ホワイエには絵画や書道作品、生花なんかが飾られている。和室ではお菓子つきの茶席があるようだから、ランチのあとに行ってみるか――」

このような風景は、市民芸術祭というような名前の催し物でよく見られるだろう。合唱、合奏、詩吟、舞踊、演芸、演劇。およそ舞台上で演じられる類いのものであればジャンルも洋の東西も問わない。その地域の教室やサークル活動をする人たちが、日頃の練習の成果を次々とお披露目する。その日、公共ホールはアマチュアの晴れ舞台となる。

このような公共ホールの利用は、ホールを運営する立場では「貸館」と呼ばれる。利用料金をもらって施設を貸し出すサービスだ。そして、全国公立文化施設協会（以下、公文協と略記）が二〇一三年度に実施した調査によると、貸館での平均稼働日数が約百七十一日と一年の半分ほどを占める。それに対して、公共ホールが独自に企画する公演や興行主からプログラムを買い取る事業は約二十五日となっていて、七倍近い差がある。(1)

興行主がホールを借りて公演を打つ場合もあるが、そのような貸館が大半を占めるのは都市圏の立地のいいところに限られる。多くの場合、地方自治体の公共ホールの主たる利用者は、アマチュア・オーケストラや合唱団といった楽団、琴をはじめとする邦楽やピアノなどの音楽教室、舞踊や演劇を楽しむサークルだろう。公共ホールは、アマチュアバンドにとってのライブハウスと同じように「発表会の場」だといえそうだ。

しかしながら、公共ホールはこのような実態をもちながらも、二つの相反する理想に根差して語られてきた。その一つは「芸術創造の場」を標榜し、公共ホールが自ら芸術性の高い公演を企画することを是とする語り口である。その理想からみれば、「発表会の場」という実態は、〈素人のステージ〉として否定するか、視界の外に置かれるものとなる。一方、もう一つの理想は、「発表会の場」の延長線上に「市民文化の創造拠点」となる公共ホールをめざそうとするものである。

本章は、「発表会の場」という実態をはさんで、この二つの理想を対置してとらえる。それは「芸術」と「文化」という重なりながらも異なる言葉を対置させながら、「発表会の場」としての公共ホールを位置づけようとする作業ともいえるだろう。

「文化」が日々の暮らしを彩るものであり、大衆性を失わないのに対して、「芸術」は新しい視線や価値を提示するものであり、日常から跳躍するような志向性を有する。もちろん「芸術」も生活の彩りになるものだから「文化」に内包されはするが、それでも「芸術」と日常的な「文化」のあいだには一線を画するものがあるととらえるならば、結論は予見されるかもしれないが、「芸術」と「文化」の対照のなかから「発表会の場」の可能性を見いだしていくことにしよう。

## 2 「芸術創造の場」という理念

二〇一二年、「芸術、音楽堂等の活性化に関する法律」が成立した。当時大いに議論された「劇場法」と呼ばれるこの法律は、博物館や図書館のように根拠となる法律がなかった公共ホールの役割を初めて規定するものだった。

劇場法の成立のきっかけは、二〇〇一年に成立した文化芸術振興基本法だ。「文化芸術」という名の下に、文学、音楽、美術、写真、演劇、舞踊、そして映画やマンガなどの娯楽、歌舞伎や文楽、落語といった伝統芸能、さらには茶道や華道といった日々の暮らしを彩る文化をもひっくるめて、国と地方自治体で振興を図ることが示されている。長く興行場法の下に規定されてきた音楽や演劇、芸能といった公共ホールでの演目が「文化芸術」として明記されたのだ。

関係者のあいだでは、図書館や博物館と同じく、公共ホールの設置目的や機能、そして専門職員の規定が盛り込まれた根拠法が求められていた。その背景をふまえながら、この法律が成立したのを機として、二〇〇二年には日本芸能実演家団体協議会(以下、芸団協と略記)が研究会を立ち上げ、文化芸術振興基本法に示された公共ホールにかかわる条文をもとに法体系の検討を始めることになる。

そして、長年の検討を経て、芸団協は二〇〇九年に「社会の活力と創造的な発展をつくりだす劇場法（仮称）の提言」[2]を発表した。ここでは関係者の願いを反映し、図書館法や博物館法にならった条文が提起されたが、「発表会の場」としての公共ホールを考える立場から着目すべきは、公共ホールの四つの類型と使命だろう。

提言では、公共ホールを、舞台芸術の作品創造を中心とした「創造型劇場」、公演の実施による鑑賞機会の提供を中心とした「提供型劇場」、地域の芸術活動の支援を主とした生涯学習センターとしての「コミュニティー・アーツ・センター」、そして地域の人々の活動の場所となる「集会施設」の四つに類型化している。そして、国内の公共ホールでは「集会施設」としての機能が主であることを認識しながらも、公共ホールの使命として音楽や舞台芸術の創造・公開・普及を示し、必要な専門人材についても子細にふれている。

このように作品の創造や鑑賞機会の提供、生涯学習を重視した背景には、いわゆる「ハコモノ問題」がある。ソフトが顧みられないままハードだけが整備され、全国に約二千二百にも及ぶ膨大な公共ホールが設置されているにもかかわらず、公演の企画や事業の招致が十分になされずにホールの貸し出しに終始している現状に対する問題意識だ。

公共ホールの多くが戦後の国土開発や経済政策の一端を担った公共事業だったことにちがいはなく、建設されすぎたことは事実だろう。しかしながら、それを反省する際に貸し出しをソフトから除外するのは、ソフト重視というよりも、むしろ芸術性を重視する価値観が見え隠れしているようでならない。

事実、劇場法成立に向けて尽力した劇作家・平田オリザは、文化芸術振興基本法の成立を見据えて戦略的に上梓した『芸術立国論』で、すでに「劇場法」という言葉を用いて、その必要性を説いている。

劇場という、その国、その都市の文化の粋を集めた場所と機能が、文化関連の省庁（日本の場合には文化庁）の監督下になく、一般の集会施設と同様に、芸術のことなどまったく理解していない消防署と保健所の管理下にある。そのことの不条理と不合理は、直接的に受益者である住民に跳ね返っている。

専門の知識や資格もない職員が多大な予算の使い道を決定しているという先述の現状も、この「劇場法」の不在に由来する。美術館が博物館法の下に運営され、学芸員の資格が保証されているように、劇場にもなんらかの資格をもった職員を雇っていく制度が必要だろう。[3]

ここでの「文化」という言葉の使われ方は、本章でいう「芸術」ととらえたほうがよさそうだが、そうすると劇場（ここでは演劇に焦点を当てる平田にならって「劇場」と呼ぶことにしよう）を「その国、その都市の文化の粋を集めた場所」とする表現は、実態とずいぶん距離があるように感じる。もちろん平田もその距離を認識しているからこそ、二〇〇九年に民主党政権下で内閣官房参与として政治の場に立ち入っていったのだろう。

ちなみに、内閣官房参与となった平田は、劇場を通した劇団への助成を増やすことを提言している。専門人材の配置など基礎固めをおこなった先には専属劇団を設置することも視野に入れ、助成金の交付のもとで劇場と劇団の結び付きを深めることを企図したのだろう。成否はともあれ戦術としてはいいように思うが、実は当の演劇界から反発があり、劇場との結び付きを行政によるコントロールや統制ととらえる批判の声があがった。

このような演劇界の反応と、二〇〇〇年以降に平田がみせてきた政治的な動きのあいだにある溝は劇場法の議論にもみられた。劇場と演劇関係者の状況を改善しようとロビイングを重ねる芸団協や平田に対して、劇場や劇団個々の自律性に基づいて批判する言論も少なくなかった。

劇場法をめぐる議論のなかでは、それら批判は概念的として退けられていたが、それ以前に、劇場や芸術を取り巻く公的な助成のあり方に対してあまりにナイーブではなかっただろうか。劇場で「芸術」を創造するためには、芸団協や平田たちが主張したように、芸術監督などの専門的な人材や専属に近い劇団の配置、そしてそれを実現する財政措置をしなければならない。しかし、それは現状では望むべくもなく、だからこそ法律という名の下で実現しようとする戦術が選択されたのである。

ともあれ、結果としてその戦術は実を結び、劇場法が成立した。そして、演劇関係者らが求めた専門人材の配置と予算措置、そして創造的で芸術性が高いプログラムの上演は、法律で明文化されることになった。しかし、劇場法成立から二年がたとうとする現在も、劇場に専門的な人材の配置が進んでいるとはいいがたい。そもそも、日本の公共ホールはどちらかというと音楽を中心としながら演劇にも対応できるという多目的ホールが多く、演劇をもっぱらとする公共ホールが少ないのだ。

だからこそ、法律によるテコ入れを求める動きが活発だったのかもしれない。しかし、そもそも劇場法を成立させるにいたった「芸術創造の場」という公共ホールのあり方は、あまりに観客をなおざりにしてはいないだろうか。「芸術」が新しい価値の創造であり、ときに現実に対する疑義をあらわにするものであるため、大衆性におもねらないことも事実である。その志向性を求めて公共ホールに集う観客も少なくないだろう。とはいえ、たとえ劇場法というテコを手に入れたといっても、それによって現実を未来への志向性に合わせて動かすことは簡単ではない。

公共ホールを取り巻く現実はそれほどまでに厳しい。昨今、文化や芸術に限らず、自治体の市民サービスには「受益者負担」という考え方が浸透している。もちろん公共ホールも例外ではない。むしろ文化や芸術といった、行政では「不要不急」とされるものほど負担が求められる。そしてそれは、あたかも興行公演であるかのように、観客の入りが公演の尺度となるのだ。

公共ホールの現場で事業や運営に携わる人たちは芸術を解さないわけではない。なかには、平田が主宰する劇団・青年団を招致したいと思う人もいることだろう。それでも芸術的なプログラムを事業化できないのは、観客の入りが尺度となり、財政的な根拠となる自治体の文化行政の現状がある。

「芸術創造の場」という理想は、やや演者の論理にすぎるところが気になりながらも、そういった環境を整備しようとすることには共感をおぼえる。ただ、やはり現実からはかけ離れているのではないだろうか。事実、公共ホールがおこなうべき事業の一つめに「実演芸術の公演を企画し、又は実施すること」と示す劇場法第三条には、現場からのとまどいの声が寄せられていた。

## 3　貸館という実態

劇場法の国会提出の準備が進められていた二〇一二年六月、「朝日新聞デジタル」に興味深い記事が掲載された。「「劇場法案」増えるか自主事業　借り手の反発必至」と題したその記事には、東京文化会館の実情が次のように描かれている。

一九六一年の開館以来、米国メトロポリタン・オペラ、ロシアのボリショイ・バレエなど一流どころがしのぎを削ってきたが、多くは場所貸しだ。昨年度の六百六十八公演中、自主事業は九十六公演。興行主や芸術団体が支えてきた、いわば「日本一演目の豪華な貸館施設」なのだ。

法制定をにらみ自主事業を段階的に増やす方向だが、毎年の稼働率はほぼ一〇〇%。ただでさえ狭き門を絞れば借り手の反発は必至だ。松本辰明副館長は「四、五年先まで埋まる予約を押しのけてまで自主事業は増やせない。創造発信強化のための増員も財政面などで厳しい」と

こぼす。(4)

劇場法には、第三条で公共ホールがおこなうべき事業が列記されている。そこには、「芸術創造の場」を志向した人々が理想とする「実演芸術の公演を企画し、又は実施すること」が一つめにあげられているのだが、公文協の調査結果が示すように、自主的に企画される事業は少ない。劇場法は公共ホールの事業を拘束するものではないが、この記事からは、貸館中心の実態との乖離に現場が敏感に反応していたことを読み取ることができる。

ところで、この記事に取り上げられている東京文化会館は、戦後日本の公共ホールの歴史の起点となる施設の一つである。「首都東京にもオペラやバレエもできる本格的な音楽ホールを」という要望に応えて、戦後の生活復興も落ち着きをみせた一九五〇年代から計画が始まり、六一年に開館した。これがきっかけになって、全国各地に公共ホールが建設されていくのだが、その歴史を跡づけると、日本の公共ホールが歴史的に貸館を中心的な機能として建設されてきたことがわかる。

日本で最初に建設された公共ホールは、一九一八年に竣工した中之島公会堂(現・大阪市中央公会堂)である。その後、二〇年代に名古屋市などの中核都市に次々と公会堂が建てられるようになり、二九年には日比谷公会堂が開館した。現在も公演がおこなわれているホールも少なくないが、当時は、講演会や催事で利用されることが想定されていた。

その結果、これら公会堂では、舞台を額縁のように区切る構造物を有し、緞帳やカーテンなどの舞台幕を降ろせるプロセニアム形式が多く採用されていた。この形式は、舞台上に空間が生じるため音響面でデメリットがあり、音楽ホールとしては十分ではないのだが、オペラや演劇はもちろん、講演会などでは不可欠な要素となる。さまざまな用途に使うための折衷的な形式として選択されたのだろう。

戦後、東京文化会館がきっかけとなって全国に建設されていった公共ホールでも、このプロセニアム形式は主流になった。戦前の公会堂とは異なり、音響面での工夫がなされはしたものの、住民による文化活動に対応しようとした結果として、幅広い公演に適応可能な、いわゆる多目的ホールが作られていったのである。

公共ホールが全国に建設されるのは一九六〇年代から九〇年代半ばまでの期間である。その動きは、良質な音楽や演劇を鑑賞しようとする鑑賞運動に呼応したものだが、同時に住民が自らの文化活動の場を得ようとした結果でもあった。

例えば長野県伊那市では、やや遅ればせながらではあるが、一九八二年に始まる県的文化施設誘致運動の末に、第二県民会館の誘致を勝ち取っている。その運動の中心となったのが、伊那市で活動する八十二団体からなる市民運動団体だった。伊那市では、戦後間もないころ疎開文化人・知識人たちを中心とした文化サークルが花開き、それらを母体とした文化協会、芸術協会などが組織化されていたのである。そこに集うサークル員たちが自分たちのまちにも公共ホールを求め、各地で建設に向けた運動がなされていたようだ。

一九七〇年代に入ると、これまでの開発一辺倒の政治から転換を図った大平正芳内閣が「地方の時代」「文化の時代」という号令をかけたことで、地域文化が意識され、文化事業を推進する文化政策が登場した。一方、同時期に進められた内需拡大の政策方針と、それに伴う地方債の発行による財政動員によって公共事業が加速されたことが相まって、文化的な開発ともいえる公共ホールの建設が、八〇年代半ばに至るまでの期間、全国津々浦々で進められるようになった。

そのころには鑑賞団体や文化サークルの活動との結び付きというよりも、むしろホール建設そのものが自己目的化していくことになる。事業企画や予算のめどが立てられないまま、貸館を前提としながらも、誰が借りるのかもわからないような大規模ホールが席数を競うかのように全国に建設されていった。無論、ほとんどがプロセニアム形式の多目的ホールだった。

その後、鑑賞者が求める水準が高まるとともに、多目的ホールの折衷的な設備や利用実態に批判的な声が寄せられるようになり、「無目的ホール」という言葉まで生まれた。そして一九八〇年を前後して、演劇に特化したピッコロホール（兵庫県尼崎市）とクラシック音楽専用の中新田バッハホール（宮城県加美町）の建設をきっかけとして、クラシック、オペラ、演劇に最適な舞台環境を有する公共ホールが建設されていくことになる。また、水戸芸術館や東京芸術劇場のように芸術監督や専属の制作スタッフを置いた創造型の公共ホールも少なからず開館していった。

ただ、そのような専用ホールを有する公共ホールは多くはなく、最近建設されたものでも、どのような用途にも利用できる多目的ホールが多いのが現状である。また、専用ホールであっても貸館事業をおこなっていることも事実である。

劇場法第三条が現実的ではないという見方は、このような歴史を振り返っても妥当なものだが、創造型のホールであっても、なお貸館をおこなっていることには理由がある。それは、公共ホールが自治体の財源で運営されているために避けられない、行政評価という実情に由来するものである。

そもそも公共ホールの事業は音楽や演劇といった演者のパフォーマンスに基づくものである以上、博物館のように長期間にわたる事業は実施しにくい。そのため定期公演を頻繁におこなうことができる楽団や劇団がないかぎり施設が使われない期間が発生せざるをえない。そのような施設特性にあって、施設を有効に活用しようとするならば、ホールを貸し出すことは理にかなっているといえるだろう。

ましてや、公共ホールをはじめとする公立文化施設は、ニューパブリックマネジメントという考え方の下で、経営的な視点から、稼働日数や利用者数、事業収益といった統計的な数値をもとに評価されるようになっている。そのなかで貸館を事業から取り除くことは現実的ではない。

さらに、貸館は住民だけではなく、興行主にも提供されていて、公共ホールでのポピュラー音楽の公演は興行主がホールを借りて開催されている場合が多い。興行主への貸し出しは、住民が借りる場合よりも高い利用料金を課すことができるほか、チケット収入を案分することのできるケースもあり、事業収入にも大きく貢献する事業となっている。

このような実態からは、「発表会の場」としての利用こそが日本の公共ホールを支えているとさえいえないだろうか。「芸術」への志向性からすれば、発表会は箸にもかからないものかもしれないが、公共ホールのそもそもの姿であり、それを手放すわけにもいかない事情があることを忘れてはならない。

そうであるならば、発表会文化という観点から改めて問うべきことは、「発表会の場」というあり方を、公共ホールの歴史や実情から消極的に受け入れるか、その使い方に積極的な価値を見いだそうとするかである。「芸術」を志向しようとすれば前者にならざるをえないが、「文化」という観点に立つならば異なる風景が見えてくるのではないだろうか。そのためにも、「市民文化の創造拠点」という理想をみていくことにしよう。

## 4 市民文化の創造拠点——もう一つの理念を考える

劇場法が成立する約二十年前、『文化ホールがまちをつくる』という本が出版された。自治体で文化行政に携わってきた森啓が中心となって編まれたこの本は、次のように始まる。

文化ホールがまちを文化的に変容する。

文化ホールが市民の自由な文化活動の拠点になって人々の感性を豊かに開花し、感性の豊かな人々が増えることによってまちが文化的に変容する。そして、文化ホールがまちのなかに華やいだ雰囲気を醸し出し、文化ホールがつくられたことによって周辺が整備されてまちが文化的に変容する。文化ホールをつくる意味はまちを文化的に変容することにある。(5)

あたかも公共ホールが建設されさえすれば事足りるような書き方ではあるが、そうではない。ここでも批判されたのはハード偏重のハコモノであり、「市民文化の創造拠点」という理想もまた、「芸術創造の場」と同じ根っこをもっているのだ。ただ、劇場法の成立をとげた平田たちのハコモノを乗り越えるためのよりどころが「芸術」だったのに対して、森たちは「文化」――それは「芸術」を内包していて、地域に表現者が住むことで、アマチュア文化活動の裾野が広がり、プロとアマチュアが交わるような状況と定義される――を掲げたのである。

森たちにとって「文化」は、公共ホールがもたらしてくれるものではない。また、地域の外から入ってくるものでもない。市民と自治体、そして地域の文化サークルが緊張感をもった関係を築き、市民と文化サークルは公共ホールを主体的に使いこなそうとし、自治体では活動の拠点として運用することで形成されるものだという。

そこでは市民はただの観客ではなく、自治体もただの管理者ではない。森が「主体の変容」「新しい関係の創出」という言葉で語る理想は、公共ホールの自治をとおして文化が形成されるとともに、そのプロセスから地方自治の新しい局面を開こうとしたものだといえるだろう。

自治が文化を生み、文化がさらなる自治を生み出す。そのようなプロセスは、三十年の歴史をもつ神奈川県藤沢市の市民オペラや、岩手県遠野市の市民劇『遠野物語ファンタジー』にみられる。そして、市民運動が公共ホール建設につながった事例として先にあげた伊那市もまた、自治と文化の循環が生まれた土地である。

公共ホールの誘致に向けた運動をするなか、伊那市の市民団体は、建設されるホールを使うことを想定した文化活動を検討していた。そして、活動開始から二年後の一九八四年に開催されたのが市民芸術祭だった。そう、まちをあげた発表会だ。市民芸術祭はその後、第二県民会館の誘致が決まった翌年の八六年まで四回を数えるまで開催されたのだが、この動きは誘致という結果とともに、伊那芸術文化協会の設立へとつながっていった。それは、公共ホールを求めた自律的な運動が文化活動を生み出し、さらに文化活動のなかから自治の新しいかたちが生まれていくプロセスだったともいえる。そして、そのプロセスこそが市民文化そのものなのだ。

伊那市のように、発表会文化が市民文化を生み出すプロセスの一端を担っている事例は少なくないだろう。それは〈素人のステージ〉かもしれないが、地域の文化サークルが連帯し、自ら立ち上げていった活動だった。手作りの活動だからこそ、そこに自治の意識が芽生えるのだろう。

## 5　公共ホールを使いこなすために

公共ホールにまつわる二つの理想をみてきた。いずれも「発表会の場」という実態を肯定しているわけではないが、それを否定して乗り越えようとする「芸術創造の場」という理想よりも、実態を足場としながら高めていこうとする「市民文化の創造拠点」のほうが見通しのあるビジョンといえそうである。

ただ、公共ホールを求める市民運動が起こり、市民文化が芽を出し始めたころから三十余年がたとうとする現在、実態はやや込み入っている。それを解きほぐすためにも、改めて貸館の実態に目を向けてみよう。

森啓が市民文化と公共ホールの関係性を示した『文化ホールがまちをつくる』には、伊那市で公共ホールの誘致や芸術文化協会の立ち上げに携わった当事者によるレポートが寄せられている。そこには公共ホール、市民芸術祭、芸術文化協会という、ハードからソフト、そしてネットワークまでもが一気に立ち上がっていく過程に立ち会った興奮とともに経緯が書き留められているのだが、そこに気になる一節がある。それは、文化サークルが芸術文化協会に参加するメリットに関する議論のなかで、公共ホールの利用料金減免にふれているくだりである。瑣末なことだと思うかもしれないが、地元の文化サークルに対するこの減免というインセンティブは、実は地方の公共ホールの実態として見聞きするものなのである。

利用料金の減免は公共ホールが建設された当初からそうなのか、それとも文化サークルが公共ホールで活動するなかでそうなったのかはホールごとにさまざまな経緯があるようだが、聞くところでは地元の文化サークルは無償で利用できる自治体もあるという。

そのような利用は収益にならないが、一方では、利用者の母数が限られる地方では稼働率が上がるという側面もある。収益と稼働率を天秤にかけたときに後者をとるかたちで、お互いにメリットがあるというふうに考えているのかもしれない。しかし、いずれにせよ、このようななれ合いともとれる関係は市民文化の創造につながるとはいいがたい。「市民文化の創造拠点」としての公共ホールの原則は、市民・公共ホール・自治体の関係に緊張感があることを前提とした市民による自治である。緊張感を欠いては、何にもならない。

「市民文化の創造拠点」という理想は、実態に根差すからこそ、その理想のなかに内在した困難さを抱え込んでいるのである。

森たちがこの実態に気づいていなかったかというと、おそらくそうではないだろう。それでもなお「市民文化」という言葉に仮託されていたのは、「文化」を享受する観客という立場を超えて、自治というより広い理想への接近だった。公共ホールを舞台としながら市民文化を形成するプロセスで、自治を実践しながら学び、自治への意識と素養を身につけることが思い描かれていたからである。否定されたのは小さな圏域でのなれ合いであり、めざされるべきは公共ホールを自律的に利用し、主体的に活動する主体である。言い換えれば、地縁型のネットワークから自立した個人のネットワークへの移行ともいえるものだったのかもしれない。

公共ホールは自治体が設置した公共空間である。それは制度の束のような場であり、稼働率や収益という尺度を職員が内面化し、個々人はその制度に取り込まれていく。公共ホールを求めて運動した文化サークルもまた、制度の束のなかで関係性が硬直化していったのかもしれない。「市民文化の創造拠点」をめざすのであれば、そのなかにあってもなお自律的であり続けなければならず、自治に根差した実践を積み重ねるよりほかないのだろう。(6)

## 6 「市民のための空間」に向けて

発表会文化というテーマに始まったものの、公共ホールの実態をあいだにはさみ、「芸術」と「文化」という視点から公共ホールの理想像をつまびらかにしてきた。いずれもが「発表会の場」という実態をふまえると困難さを抱えていることは否めない。だからこそ理想を掲げ、困難さの背景となる「発表会の場」を乗り越えようとするのだろう。

しかし、ここで振り返っておくべきは理想を語る前に、発表会文化に改めて目を向けることではないだろうか。確かに〈素人のステージ〉といわざるをえないものではあるが、そこには活動している人たちが生き生きと楽しむ姿があるはずである。

その楽しみを市民文化へと転化するための手立てが講じられなければならない。「芸術」もまた、その先に成立するはずではないだろうか。よくも悪くも発表会文化という実態がある以上、現場の職員や表現に携わる専門家たちは素直になれないかもしれないが、そこを起点として公共ホールでの「文化」と「芸術」を育てていくしか途はないのだろう。

注

(1) 全国公立文化施設協会編『平成二十五年度 劇場、音楽堂等の活動状況に関する調査研究報告書』全国公立文化施設協会、二〇一四年

(2) 日本芸能実演家団体協議会編『社会の活力と創造的な発展をつくりだす劇場法（仮称）の提言――劇場等の運営基盤のあり方に関する調査研究』日本芸能実演家団体協議会、二〇〇九年

(3) 平田オリザ『芸術立国論』（集英社新書）、集英社、二〇〇一年、一七一ページ

（4）「「劇場法案」増えるか自主事業　借り手の反発必至」「朝日新聞デジタル」二〇一二年六月七日付（http://www.asahi.com/culture/news_culture/TKY201206060335.html）

（5）森啓「まえがき」、森啓編著『文化ホールがまちをつくる』所収、学陽書房、一九九一年

（6）公共ホールの歴史や政策動向、アートマネジメントについては次の書籍を参照されたい。根木昭／垣内恵美子／枝川明敬／笹井宏益『文化会館通論』晃洋書房、一九九七年、藤野一夫編著『公共文化施設の公共性――運営・連携・哲学』（文化とまちづくり叢書）、水曜社、二〇一一年、根木昭／佐藤良子『公共ホールと劇場・音楽堂法――文化政策の法的基盤II』（文化とまちづくり叢書）、水曜社、二〇一三年

第6章

# 合唱に親しむ人々

薗田碩哉

## 1　発表会としての「合唱祭」

全国各地で年に一度「合唱祭」というイベントが開かれているのを知る人は多くないだろう。だが、ほとんどの都道府県で、また市町村単位でも開いているところがあり、それぞれかなりの人数を集めて、合唱を楽しむグループの発表の場として確立されている。このイベントは「(アマチュアである)出演者自らが出資して出演する、興行として成立しない公演」という本書の発表会の定義によくあてはまり、発表会の一方の雄といっても過言ではない存在価値をもっている。

そのなかでも東京都合唱連盟が主催する「東京都合唱祭」はおそらく全国で最大の規模であり、そのシステマティックな運営方法と相まって注目に値する。二〇一四年七月におこなわれた第六十九回合唱祭は新宿文化センターを会場に、二週にわたる土曜日・日曜日と祝日を使った全五日の日程でおこなわれた。参加した合唱団は三百団体、合唱に参加したメンバーは六千人に及ぶという大規模なものである。参加する合唱団は二十五のブロックに分けられ、土曜日は午前十一時半、休日は十時半から、それぞれ二十時半まで次々とステージに上がってさまざまな合唱曲を披露する。参加グループには本番前に十五分ほどのリハーサル時間が与えられ、本番は七分三十秒以内、一日に五、六十団体が分刻みのタイムスケジュールに合わせて流れ作業的に歌い続ける。

「合唱祭」は「合唱コンクール」ではない。審査員がいて評価を下し、優秀な合唱団を表彰する合唱コンクールもまた広くおこなわれていて、こちらはテレビやラジオでも紹介されることがあるので目にしたり耳にした読者もいるだろう。緊張に満ちた真剣勝負の世界であり、登場する合唱団のレベルの差は素人には聴き分けられないほど微妙で、審査員の判断も僅差になる。これに対して、どんなグループでも参加できる「合唱祭」では審査はおこなわれず、表彰もない。発表することそのものが目的の純粋発表会である。もっとも東京都合唱祭の場合だと、日本合唱指揮者連盟の講評者が聴いていて、ブロック（十団体から十五団体）ごとに書面による講評をもらうことができる。その参加費は出演者一人につき二千三百円（都合唱連盟所属団体の場合）、非加盟団体は二千八百円、高校生以下は半額。ただし、十五人以下の団体だと十五人分までの費用負担が求められる。平均すると二十人程度の合唱団が多いが、各グループとも四、五万円の負担をしていることになる。これが発表会の運営組織を支えている。

## 2 合唱祭の風景を眺める

地域でもこうした形式の合唱祭がおこなわれている。筆者が住む東京都多摩市では毎年「多摩市合唱祭」が開かれ、二〇一四年で四十一回目を迎えた。日曜日の朝十時から十七時ごろまで、一四年は三十六グループが登場して一ステージ七、八分の発表をおこなう。コンクールではないので審査はなく、まさしく「発表会文化」的発表会で、入場無料、費用は行政の支援もあるが、ほとんどは各合唱団（つまりは歌う人たち）が負担する。各グループの人数は多くなく、五十人もそろっているのはまれでほとんどは二十人程度のこぢんまりしたコーラスである。歌う参加者は全部で七、八百人というところである。発表時間が短いので演奏されるのは小品が二、三曲にすぎない。前述のように次から次へと入れ替わる合唱団のすべてを鑑賞する聴衆はいない。筆者は一度、できるだけ長く聴いていようと努めてみたが、二十団体も聴くと飽きるというか疲れてしまい、適度なところで引き揚げた。長く聴いている人は少なく、聴衆の多くは出番を待つほかの合唱団員である。そのほかは団員の家族や知り合いで、お目当ての合唱団の発表が終わるとぞろぞろと席を立って帰ってしまう。出演者と関係者以外で合唱祭そのものを聴きにくる人はごく少ないと思われる。合唱の合間ごとに客席がざわざわ動くのでどうも落ち着きがない。

舞台には司会者やＭＣは存在せず、舞台裏からアナウンサーが合唱団の名前と曲目を紹介するだけである。曲のつなぎに司会者が話などすると、ただでさえ短い持ち時間がさらに減じるおそれもあるから、流れ作業でどんどん進めていくしかないだろうが、進行が単調になって退屈になるのは確かである。出演者は圧倒的に女性が多く、それも年配者に偏っている。男声合唱も数組はあるがみな中高年グループである。少年少女合唱団も登場するがほとんど女子で、男子はいても一人二人である。もっとも、最近は若い世代のグループや年齢の幅が広い混声合唱団も目立つようになっているようだ。

曲目はバラエティーに富んでいる。わらべ歌から昔懐かしい唱歌、讃美歌や本格的な合唱曲の一部、さらには映画やドラマの主題歌（『銭形平次』や『木枯し紋次郎』のテーマなどというのもある）、アカペラがあるかと思うと、歌だけでなく簡単な踊りを入れた演出や手話を取り込んだ歌もある。日本人が日頃歌っているレパートリーが何でも出てくる面白さがあり、われわれの音楽文化の雑種性を十二分に感じさせてくれる。

歌唱力の面もバラエティー豊富である。もちろんただの素人集団の演芸会ではなく、それぞれ日頃の練習の成果が感じられる出来栄えではあるのだが、いかんせん人数が少ない。合唱の場合、それなりに「いい音」を響かせるには数を頼んだパワーが必須である。一人ひとりがプロ並みの歌い手なら、オペラのシーンのようにたった四人の合唱も可能だろう。それを望めないアマチュアでも百人ほども人数を集めれば、むろん指揮者の力量によるところが大にしても、聴衆を納得、感動させる演奏が可能になる。しかし、各パートが四、五人で全体でも二十人ぐらいのグループだと聴衆を感動に引き込むような演奏は難しい。だが、大人数の団員をまとめていくマネジメントは至難の業、せっかく大きく育ったグループがさまざまな原因で分裂してしまうことは珍しくないようだ。二十人ぐらいが、合唱の質と合唱団の運営の折り合いをつけやすい人数なのだろう。

音以上に鮮やかにアピールしてくるのはメンバーの衣装である。合唱団といえば白いブラウスに落ち着いた色のロングスカート（男性なら蝶ネクタイに上下黒のスーツ）という典型的なスタイルから、薄物をまとったあでやかな衣装、Tシャツにジーパンのカジュアル系、和服もあればチャイナドレスもあるというにぎやかさ。舞台衣装の発表会としてとらえても十分に目の保養ができるイベントなのである。

地域の合唱祭に共通する文化として指摘しておきたいのは、その生真面目な雰囲気である。淡々と紹介があり、威儀を正して舞台に並び、ピアノが鳴り響いて整然と楽曲を歌い、パラパラと拍手があって次のグループに移る。この過程のどこにも楽しさが感じられず、笑いもない。いや、笑ったりしたら周りを固める会場係からつまみ出されるのは必定といった奇妙に厳粛な時間と空間が支配してしまうのである。先に紹介したように、コミカルな曲目もあり愉快な動きもあって、小さな笑いが生まれる瞬間がないでもない。だがそれはあくまで偶発的なもので、笑いは決して発表会の目標にはなっていない。

全体に「交流」の要素も少ない。登場する多彩なグループを少しでも結び合わせるような工夫をすれば「お祭り」らしくなって聴衆も喜ぶはずである。聴衆を巻き込んで一緒に歌うような場面を増やすこともできそうだ（ポピュラー曲を全員で合唱——といってもほとんど斉唱だが——するような場面はあることはある）。合唱することの喜びに照準を合わせれば、楽しく面白く、笑いがある歌の祭典にすることは難しくないと思われ、その点はいかにも残念である。

## 3 「合唱」をめざす人々

歌を歌うことは誰にでも愛されるレクリエーションであり、歌うことが嫌いな人はほとんどいないだろうことは、カラオケが宴席の定番になっているのをみても明らかだろう。「自分は音痴だから」と言って歌うことを拒否する人もときには見かけるが、それはたぶん小学校時代の音楽の時間に、心ない音楽教師に「お前は歌が下手だ」と決め付けられた（もしかすると、学芸会での歌の発表のときに「みんなに迷惑をかけないように、声は出さず、口だけパクパクやっていなさい」と言われた）ことによるトラウマが原因で、心の底にある「歌いたい」という熱情を無理やり抑えつけてきたからだろう。けれども当初は居酒屋やスナックの一角で、一応は開かれた公共空間で歌われたカラオケが、いまやボックスに移行して極私的世界に閉じこもり、たった一人でカラオケに通うという行動も珍しくなくなった。歌いたければ誰もが「音痴トラウマ」を跳ね返して歌う機会が得られるようになったのは慶賀すべきことだろう。

とはいえ、歌う行為の一形式である「合唱」となると事態は一変する。ここで合唱というのはみんなで声を合わせて同じメロディーを歌う「斉唱」ではない。斉唱なら小学校の校歌や「君が代」に始まり、中学から大学までの校歌や応援歌、職場では社歌、地域には市歌や県民歌など、集会のときに一斉に歌わせられた経験が誰にもあるだろう。歌は集団の一体感の醸成には欠かせない文化装置である。宴席でもカラオケのような「単唱」ばかりでなく、昔の軍歌や旧制高校の寮歌などを肩組んで大声を張り上げて斉唱する場面はよく見かける。しかし、異なる高さの音を重ね合わせて「ハモる」合唱となると、これを日常的に楽しんでいる人は激減する。歌は好きでも合唱はごめんだという人が圧倒的に多くなる。ところがミュンヘンのビヤホールにいくと、大勢の客たちが一斉にバイエルンの民謡を歌ったりする場面があるが、ジョッキ片手に歌う酔客の歌がちゃんとハモっているのはさすがにベートーベンの国である。われわれの文化は（最近の若い年代層は少し違ってきたが）、和声の楽しみを日常化してはこなかったのである。

ところがここに、普通の日本人なら避けて通りたくなる合唱に打ち込んで、その成果を毎年、きちんと発表している一群の人々がいる。合唱は一人ではできないから必ず「合唱団」というグループが作られ、指揮者を中心に定期的に練習を積み上げ、年に一度は先に紹介したような地域の合唱祭やコンクールに参加したり、独自の発表会を地元の音楽ホールで開いたりしている。合唱愛好者が全国津々浦々に広がっていることは合唱活動の統括団体である全日本合唱連盟のウェブサイトから推測できる。同連盟の支部は全都道府県に存在し、それぞれ都道府県の合唱コンクールをおこなっている。全国大会は毎年秋に各地の持ち回りでおこなわれる全日本合唱コンクール全国大会である。連盟はそのほか全日本おかあさんコーラス大会やこどもコーラス・フェスティバルなどをおこなっている。加盟団体は五千百五十五団体（二〇一四年一月現在）で、その多くは地域や学校で活動する合唱グループである。

わが国の合唱の歴史と現状をまとめた労作である『日本の合唱史』には、加盟団体の内訳を分析したデータが掲載されている。二〇一〇年のデータだが、当時の加盟団体は五千二百二十五団体である（四年間で七十団体ほど減っている）。そのうち、中学・高校・大学の合唱団が合計千八百五十三団、一般が千四百五十七団、「おかあさん」合唱団が千五百六十六団である。ほかに、ジュニアが百六十四団、個人が百十九団で、職場は六十六団しかない(1)。若い世代の合唱は学校を基盤とするものが圧倒的で全体の三分の一、成人の合唱団は一般と「お母さんコーラス」が半々というところ。合唱団の平均人数を五十人とみれば合唱人口は二十五万人ほどになる。

合唱連盟に登録してコンクールをめざすのは、技術的にもレベルの高い合唱団だろう。その周辺にもう少し気軽に合唱を楽しむ愛好者集団がいるはずである。前述の多摩市の合唱祭を例に合唱人口を推計してみよう。参加者七、八百人の全員が多摩市民と考えるわけにはいかず、他市、他県の人も参加しているだろうが、他方、多摩市の合唱愛好者の全員が参加したわけでもないので、多摩市の合唱人口はこの数字とそれほどかけ離れてはいないだろう。そうみるとこの数は市の人口十五万人の〇・五％になるので、この比率で全国民のうちの合唱愛好数者を推計すると六十万人ほどになる。実のところ多摩市は他市と比べて合唱が盛んな町のようなので、この数字はやや過大かもしれない。いずれにしても日常的に合唱を楽しむ人は二十五万人を超え、最大でも六十万人ほどとみていい。これをカラオケ人口四千八百万人(2)と比べてみればわずか八十分の一でしかない。カラオケ発祥の地であり人みな歌う感のあるわが国で、歌う芸術の雄である合唱が希少なのはなぜだろうか。これは検討に値するテーマである。

## 4　西洋音楽の移入と和声へのとまどい

### 和声と民族音楽

もともと日本の歌文化のなかには、和声という要素は存在しなかった。箏曲には複数の弦を和声的に鳴らす場面もあるが、江戸期を代表する三味線音楽はまったく単旋律で、小唄、端唄のような俗謡に合わせて奏でられ、歌は音を装飾的に細かく変化させる「ゆり」と呼ばれる手法が発達した。

これは伝統的な日本歌謡に共通する歌い方で、いわゆる「小節をきかせる」ものである。そのような歌文化の世界に明治以降、和声を重要な要素とする西洋音楽が流入し、それが教育の場に持ち込まれて「唱歌」が作られていった。しかし、それは民衆がそれまで親しんできた俗謡とはあまりに異質な音楽だったので、日本人が西洋音楽を日常化するまでには長い時間が必要だった。

明治政府は音楽の近代化＝西欧化を重要な教育課題として位置づけ、伊沢修二を責任者とする音楽取調掛を設けて、伊沢をアメリカに派遣して西洋音楽を学ばせる。伊沢は「東西二様の音楽を折衷して新曲を作る事」「諸学校に音楽を実施する事」をめざして努力を重ね、西洋音楽のドレミファソラシドの七音音階から四音目（ファ）と七音目（シ）の二つを除き、「ヨナ抜き」の五音階（ドレミソラド）を土台に新しい歌を作ろうと試みる。これはこの五音階が雅楽の呂《リョ》という旋法と同じ構造であることに目をつけたのだが、日本の俗謡は同じ五音階でも呂とは微妙に違っていたので「ヨナ抜き」の五音階は民衆にはなじみにくいものだった。音楽取調掛はヨナ抜き唱歌を次々と作曲し、同様の音階をもったアイルランドやスコットランドの民謡の曲を借りて歌詞をつけた「文部省唱歌」を整えていく。他方で音楽取調掛は発展して東京音楽学校となり、音楽教員の養成が進められて小学校から唱歌の時間が定められていった。しかし、唱歌は学校では歌っても生活の場には届かない「学校唱歌校門を出でず」の状態が長く続いた。

日本の民衆が西欧風の音楽になじむには、唱歌に加えて軍隊で軍歌を歌う体験を経たうえ、一般社会では明治末から大正期に普及をみせるレコードとともに広がった流行歌に親しむ必要があった。一九一四年に島村抱月率いる芸術座が『生ける屍』（原作はトルストイの『復活』）を上演し、その劇中で松井須磨子が歌った「カチューシャの唄」は翌年レコード化されて二万枚を売り上げたという。この曲は東京音楽学校出身の中山晋平が作曲したが、ヨナ抜き長音階で作られていた。中山はその後、「ゴンドラの歌」などの名曲を書き、後年にはヨナ抜き短音階（このほうが日本の俗謡に近い）を駆使して「船頭小唄」（「俺は河原の枯れススキ」）をはじめとするヒット曲を次々と世に送った。大正末期に始まり昭和に入って爆発的に普及するラジオの電波に乗って、晋平節は国民的な愛唱歌となり、その後の流行歌にも大きな影響を与えた。

西洋風の音階に慣れ親しむようになっても「和声のある合唱」はまだ遠い存在だった。東京音楽学校のカリキュラムのなかには当然、合唱も組み込まれていて、同校が編纂した『唱歌集』にはかなりの数の合唱曲も収められていたが、日本人にとってまったく新奇な音楽である和声を的確に指導できる教師はまれで、明治末になっても学校の現場で合唱が歌われることはほとんどなかった。(3)合唱の楽しみを理解し、実践したのは西洋音楽全般に共鳴したごく少数の大学エリートたちだった。日本最初のアマチュア合唱団は一八九九年設立の関西学院グリークラブだという。その後、明治末までに早稲田、同志社、慶応義塾などの大学でグリークラブが結成されている。そうした合唱愛好者の広がりを背景に、一九一九年には初のプロフェッショナルな合唱団である東京混声合唱団が東京音楽学校の卒業生を中心に作られて演奏活動を始めている。

昭和期になると「みんなで集まって歌う」という意味での合唱（という用語が使われていてもほとんどは斉唱）は学校や職場に広がっていく。一九二九年の大恐慌以来、不況からの脱出をめざす過程で国家主義、軍国主義の風潮が色濃くなるが、そのなかで「元気が出る」合唱活動に注目が集まった。三〇年代には余暇善用とその組織化をめざすレクリエーション運動（日本では「厚生運動」と訳した）がアメリカをはじめ世界に広がっていくが、そこで音楽は重要なツールであり、何百何千人という規模の大合唱は集会に必須のプログラムとして重視された。ナチス版の厚生運動であるＫｄＦ運動（歓喜力行団《かんきりきこうだん》）のなかでは大合唱が定番の出し物で、日本でもこれを取り込んで合唱をおこなうが、彼我の大きな違いは、ドイツの合唱が当然に四声のハーモニーを響かせるものだったのに対して、日本のそれは単純な斉唱だったことである。

## うたごえ運動からカラオケまで

第二次世界大戦後になって、軍国主義のくびきを脱した民衆は、労働運動をはじめとして平和と民主主義を要求する社会運動を一気に高揚させる。そのなかでも自らの思いを自由に歌い上げ、社会の民主的改革を訴える「うたごえ運動」が生まれて瞬く間に全国にひろがって大きな盛り上がりをみせた。運動を主導したのは関鑑子が指導した中央合唱団で、美しい日本の歌、世界各国の民衆の歌を取り上げたばかりでなく、新たな創作活動にも取り組んで「世界をつなげ花の輪に」「原爆許すまじ」「沖縄を返せ」「がんばろう」などその後も長く歌い続けられた数々の名作が誕生した。中央合唱団は和声のあるコーラスを歌い、現場でも二部合唱を試みたことは同合唱団が編纂した『青年歌集』(4)をみてもうかがえる。

戦後の音楽教育のなかでも、ハーモニーはそれなりに重視され、音楽教師は二部合唱の曲を生徒たちに指導することが求められた。一九五〇年代の小学校での筆者の実体験を記そう。二部合唱で取り上げる曲は歌いなじんだ曲（例えば「ふるさと」）のメロディーを一つのパートとし、これに対して三度低いもう一つのパートを覚えさせて合わせるということが多かった。歌い慣れたメロディー（ソプラノ）は簡単に歌えるのだが、それに対する「アルト」を担当させられたグループはその節《ふし》を何度も練習して覚えなくてはならない。覚えたつもりがいざ実際に合わせてみると、メロディーのほうに「つられて」いつの間にか同じ音になってしまったりしたものだ。そんなとき教師は「つられないように耳を指でふさいで歌いなさい」と指導したものである。そこには和声の響きを楽しむという視点は皆無だった。ハーモニーが美しくまた楽しいものであることをふまえて、音を探って響かせ合ってみるという基礎的なトレーニングを欠いたまま、相手につられないように必死に覚えたメロディーを守るというのがわれわれの「合唱」の実態だったのである。

うたごえ運動に呼応するようにして一九六〇年前後には各地に歌声喫茶が生まれた。その皮切りは一九五五年に新宿に開店したカチューシャと灯《ともしび》である。店名が示すようにそこではロシア民謡をはじめ、うたごえ運動が開発した歌の数々が全員の合唱によって連帯感豊かに歌われた。ピアノや弦楽器の小編成の生バンドが演奏し、客は歌集を片手にリーダーの指導で声を合わせて歌った。そのなかにはパートを分けて「ハモって」歌う歌も少なくなかった。そうした雰囲気が若者たちに愛されて歌声喫茶は全国に広がり、一時は百軒を超えるまでになったという。

しかし、六〇年安保のあと、歌声喫茶は次第に風俗化して、そのルーツのうたごえ運動がもっていた政治性や社会批判の姿勢を失っていく。そして一九七〇年代になると高度成長による「豊かさ」と技術革新をバックにカラオケが登場する。ＡＶ機器による自在の伴奏が歌を支える仕掛けに取り込まれて、生の声を重ね合わせる和声は次第に忘れられていく。初期のカラオケは飲食店やスナックなど開かれた場所に設置されていて「公衆の面前で」歌うものであり、歌い手と聴衆のあいだにはそれなりの緊張感があった。しかし曲のオートチェンジ方式が開発されて店員がいなくても自由に曲を替えられるようになると、仲間内だけで一部屋に閉じこもって歌えるカラオケボックスが登場する（最初は一九八五年のことだとされる）。歌う集団さえもが解体されて極私的歌唱の世界が広がっていく。いったん拡大しかかった和声の楽しみは、日本人の音楽生活の深層にまで届く前にストップをかけられた。ある評者はカラオケ現象について、「明治以来の西洋音楽中心的な学校教育によって抑圧されてきた日本人の伝統的音楽衝動が、ＡＶ機器関係テクノロジーの急速な発展を契機として社会的に噴出して来たもの(5)」と述べている。確かに、カラオケには昔懐かしい宴席の無礼講のような雰囲気が色濃く感じられる。

## 5　合唱の特権性と発表会の必然性

戦後も七十年近くたち、アメリカを中心にする西洋文化はもはや外来のものではなく、日本人の生活や感性に深く根差し、半ば内発的なものといえるまでになっている。なじみにくかった西洋音階もいまでは若者から高齢者まで、ごく自然に日常の音楽として受け入れられるものとなった。ピアノやフルートの演奏を趣味として楽しむ人もごく普通にみられる。和声についても、ギターのコードを鳴らしてそれに合わせて歌うことが、若者だけではなく全年齢層の通常の楽しみになっている。しかし、集団で歌うときに、各人が自然に役割分担をしてハーモニーを付けて歌うというアカペラスタイルは、まだかなり「よそ行き」の感を否めない。それどころか、集会で歌うとき、伴奏楽器があれば別だが、音声だけのときに歌い出しの音の高さを合わせる（リードする）ことさえおこなわれないことが多い。そのため各人の音がてんでんばらばらの合唱ならぬ「雑唱」が始まってしまう。歌っているうちに次第に音の高さは合ってくるが、行きつく先は斉唱であって和声的合唱ではない。われわれの「和声音痴」は西欧音楽流入以来百五十年たっても、いまだに続いているというべきだろう。

和声を響かせて歌う合唱という行為は、日本ではその趣味を解する少数者の特権的な世界なのである。かつては合唱ばかりでなく西洋音楽全体が特権性をもっていたが、一人で歌う歌や斉唱の世界では、大正期あたりになると庶民のレベルまで西洋風になじむことができた。西洋の楽器を楽しむことも昭和の前期までは中流以上の階層に限られた特権的なお稽古事だったが、戦後の高度成長期以来急速に大衆化した。ピアノやバイオリンやフルートの演奏に挑戦することは誰にでも許される趣味であり、何を演奏するのかは単なる選択の問題になった。筆者は女子短期大学の教員だったので、学生たちに何度か「お稽古事体験」に関するアンケートを取ったことがある。ほとんど全員が音楽やダンス（バレエ）、絵画や書道などの芸術系お稽古事を体験してきていた。なかでもピアノは八割の学生が小学校時代に体験していた（そしてそのうちの八割は小学校の卒業とともにレッスンを放棄していた）。学生の三、四割は家にピアノを所有していて、小さい女の子だった時分はせっせと稽古に励んでいた。しかし、短大生の現在に至るまでピアノを弾き続けている学生は一割もおらず、家のピアノは誰にも弾かれることなく調度の一つに化しているという。結局、豊かになった日本人は西洋文化のシンボルとしてピアノを所有する（エリッヒ・フロムがいうto haveのレベル）ことはできたが、ピアノを楽しむ生活（to beのレベル）には多くの場合届いていないのである。

ともかくも西洋音楽の特権性は音楽の大衆化とともに次第に薄まっていくが、唯一合唱だけはいまだにその特性を保持しているといえるだろう。実際、四部合唱を見事に演奏できることは誇らしいことであり、音楽の理解者・実践者としての自信につながるものだった。筆者も学生時代は男声合唱団に所属したことがあるので、その気持ちがわかる。男声四部合唱だと、特に高音部は音域の幅が足らず厳しい練習が必要である。その点は、混声四部で女声が参加していれば楽に音域をカヴァーできる。同じ大学には混声合唱団も存在していたが、われわれはその連中よりは高度な合唱をやっているという自負を団員のみんなが（混声合唱への秘かな憧れとともに）抱いていた。現在でも同様の思いがあることを、地域の男声合唱団のメンバーから聞いている。四十人ほどのメンバーを擁し、平均年齢は六十歳程度の男声合唱団のメンバーの半数は、大学のグリークラブ以来ずっと歌い続けているという。それを支えてきたのは、合唱こそは西洋音楽の神髄を担うものだという矜持なのである。

合唱団にとって発表会は必然にして必須の場面である。ピアノならば一人で練習して一人で楽しんで事終われりということも可能だろうが、合唱は練習の成果をその価値がわかる聴衆とともに共有してはじめて完結する音楽活動である。教会の聖歌隊は司祭と信徒とともにミサを構成する不可欠の要素だった。聖歌隊が歌い、聴衆が聴き、ときに共に歌い、そこに顕現する神との一体感が歌うことの目的だった。合唱もその衣鉢を継いで、歌い―聴く共同体を実現することがめざされているのである。

カラオケを楽しむ人は数千万人に達するので、それは立派にカラオケ産業を成立させる。しかし音楽市場での合唱の位置は低く、チケットを売って採算がとれる合唱団は、あっても十指に満たないだろう。他方、合唱にとって聴衆は不可欠であり、合唱の卓越した価値は少なくとも合唱する人たちにとっては自明である。となれば、歌う人々が自ら聴衆を集め、市場の論理に拘泥しないボランティア方式で演奏会を運営するのは理にかなっているというべきだ。合唱の技術的な発展を期するためにはコンクールは欠かせないが、コンクールだけではなく合唱する人なら誰もが参加でき、合唱の価値を確かめられる「合唱祭」が求められる。近代以前には村の共同体の営みのなかに歌や踊りが確固たる位置を占め、祭礼の場が発表の場となって芸能が共有された。けれども、西洋起源の音楽をコミュニティーの人々が共に楽しむ場を作るのは現在のところ困難である。こうして合唱祭は日本特有の事情を背景にもちながら、独自の発表会文化として厳粛におこなわれ続けていく。

## 6「歌うコミュニティー」は可能か

若い世代にとってハーモニーを響かせて歌うことはもはや何の抵抗もない常識に属する。彼らが愛する歌手たちはすばらしくハーモニアスな歌を聞かせてくれる。駅前の広場などで若者たちが単独で、またグループでギターを抱えて弾き語りをしたり、小コーラスを披露したりする光景も珍しくなくなった。若い女性四人のグループがアカペラで歌っている場面にも出くわしたことがある。和声音痴の国も少しずつ変化していることは確かである。

新しい発表会への模索も始まっている。地域全体の合唱祭となると前述したような相も変わらぬ風景が目立つとはいえ、それぞれのグループが独自に開いている音楽会もある。そのなかには、歌い手が支える(市場原理でない)集会ではあっても、身内だけに閉じるのではなく、身内の枠を超えて広く市民とつながりあおうという意欲を感じるものもある。地域の集会施設をのぞいてみると、ピアノと歌曲の小さな演奏会をワイン片手に聴こうというものがあるかと思えば、かつての歌声喫茶を模して、参加者がみんなで合唱する和やかなコンサートも開かれている(参加者は「昔青年、元少女」のうたごえ世代が中心だが)。

肩の凝らない楽しい合唱として、アメリカ伝来の「バーバーショップ・ハーモニー」の活動がおこなわれていることも報告しておきたい。男声によるアカペラの四部合唱で、起源は名前のとおり十九世紀のアメリカの理髪店で歌っていた黒人カルテットにあるという。上から二番目のパートである「リード」がメロディーを歌い、テナーが高い倍音や和声音、ベースが根音を歌って、バリトンがその和音を完成させるという独特のハーモニーが特徴で、ポピュラー曲を中心に徹底して愉快に、面白く歌ってくれる。バーバーズのメンバーに言わせると「ショーマンシップ」に徹して、お客さんを笑わせ、楽しませるのが目標だという。アメリカ直輸入の感は強いが、これが楽しむコーラスの先駆けとなって、日本的なバリエーションが生まれてくることを期待したい。

筆者が住む多摩市には多摩シティオペラと称する団体がある。プロやセミプロの歌い手が集まってオペラの全曲を日本語で歌ったり、名曲のオムニバス公演をおこなったりしてきたが、二〇一四年には「オペラ寄席」という野心的な試みに挑戦した。題名に引かれていってみると、地域の落語会と協力してさまざまな小噺に曲をつけて次から次へと歌ってくれる。落語家が高座に座っておなじみの『芝浜』を演じたあとにそのオペラ版が登場し、仕上げは『寿限無』をオペラ化した作品だった。当然客席には笑いがあふれ、入りも悪くはなかった。千五百円の入場料で採算がとれたかどうかはわからないが、地域に根差した音楽公演がそれなりのファンを獲得していることは確かである。

筆者自身もささやかながら地域の仲間とともに毎年ファミリーコンサートを開き、近年はプロの歌い手と素人歌劇団とで「原語と日本語で歌うオペラ」公演をおこなってきた。二〇一五年は創作オペラにも挑戦しようと考えている。こうした試みは実のところ全国各地に多様なスタイルで広がろうとしている。共に歌うことによって人と人の結び付きが回復され、プロの歌い手との関係も師匠―弟子という家元制的な桎梏を乗り越えた自由なものになるなら、「歌うコミュニティー」を基盤とした新しい発表会文化が育つかもしれない。

注

（1）戸ノ下達也／横山琢哉編著『日本の合唱史』青弓社、二〇一一年、七六ページ
（2）日本生産性本部編『レジャー白書』日本生産性本部、二〇一四年
（3）前掲『日本の合唱史』一七ページ
（4）日本のうたごえ運動三十周年記念委員会編『青年歌集総集編――関鑑子篇青年歌集（一―十）より』音楽センター、一九七八年
（5）丸山圭三郎『人はなぜ歌うのか』飛鳥新社、一九九一年、一三七ページ

参考文献


園部三郎『日本民衆歌謡史考』（朝日選書）、朝日新聞社、一九八〇年
江波戸昭『民衆のいる音楽――太鼓と合唱』晶文社、一九八一年
高石友也／岡林信康／中川五郎『フォークは未来をひらく――民衆がつくる民衆のうた』（新報新書）、社会新報、一九六九年
倉田喜弘『「はやり歌」の考古学――開国から戦後復興まで』（文春新書）、文藝春秋、二〇〇一年
関屋晋『コーラスは楽しい』（岩波新書）、岩波書店、一九九八年
井上頼豊編『うたごえよ翼ひろげて――一九四八―一九七八』新日本出版社、一九七八年
山田和秋『「青年歌集」と日本のうたごえ運動――六〇年安保から脱原発まで』明石書店、二〇一三年
村瀬章『東北は唱う』筑摩書房、一九八九年

第7章

# 誰のための公募展

光岡寿郎

## 1　公募展と公募展像の距離

わたしたちが普段美術館を訪れるとき、その館のコレクションを利用した常設展ではなく、テレビや新聞で話題になっている大規模な巡回展でもない、不思議な展覧会を目にした経験はないだろうか。それらの展覧会は、同じ館内にもかかわらず、どうやら美術館の職員ではないスタッフが窓口を担当し、展示室の入り口には「日展（日本美術展覧会）」「院展（日本美術院展覧会）」「二科展（二科美術展覧会）」といったポスターが貼られ、タイトルからはそのテーマの判断が難しい。これらは「公募美術展」もしくは「公募団体展」というジャンルの展示であり、「公募展」という略称で呼ばれることが多い。

ここにあげた「日展」や「二科展」は、戦前から続く代表的な公募展であり、日本美術の発展に寄与してきたとされる。これらは、美術家が自ら会員として参加する美術団体によって運営され、規定の出品料さえ支払えば誰もが参加できる展覧会だ。したがって、このように参加者自身が「お金／出品料」を支払い、自主的に「公演／美術館や百貨店の催事場を会場とした展覧会」を開催する一連の流れは、本書がここまで対象としてきた「発表会文化」の特徴を一定程度まで共有しているといえるだろう。

ところがこの公募展、残念ながら近年の評判はあまり芳しくない。二〇一三年の晩秋をにぎわせた、一連の「朝日新聞」の報道はその最たるものだ。その端緒となったのが、「日展書道、入選を事前配分」[(1)]という記事である。ここでは、日展の書道部門では公募作品の審査という形式を採用しているにもかかわらず、入選数が同展を構成する有力会派間で調整されていたという事実が明るみになった。加えて翌月には、「日展審査員が事前指導」[(2)]という記事も掲載された。同展の洋画部門でも、審査を務める会員が自身の会派に所属する出品者を事前に指導する慣例があることが指摘され、日展の審査の公平性に強い疑義が呈されたのである。次節でも詳しくみていくように、これらの公募展は、美術ジャーナリズムでは批判的に語られる傾向が強かった。そこに共通する認識は、同紙で長年文化部の記者として活躍した田中三蔵が指摘するように、

団体展〔公募展の別名：引用者注〕の多くは、動員力から見ても日本人の美術観に大きな影響を与え、一部「権威」とさえなっているのに、芸術本来の一機能であるはずの新しい価値の創造とは縁遠い存在となってしまったのではないか。[(3)]

というものだ。つまり、「公募展は権威である」という認識を前提に、審査の公平性が担保されていない現状や、美術団体／運動としての新陳代謝の欠如が批判されてきたのである。その意味では、制度上は誰もが参加できる開かれた公募展の現状に対して、その社会的イメージ――本章ではそれを「公募展像」と呼ぼう――は、きわめて閉じられた文脈で語られてきたようにみえる。

そこで本章では、このような開かれた公募展と閉じられた公募展像のあいだに生じている「ず

れ」の意味を考えてみたい。第2節では、公募展の現在をその歴史的背景と現状に対する批判の二つの側面から把握する。続く第3節では、このような公募展像が効力をもつのは美術ジャーナリズムという閉域に限定されていた点を、一九七〇年代以降の公募展に関する記述に幅広くあたることで検証したい。この過程を通じて、公募展が高度経済成長期には「美術家／プロフェッショナル」が集う「権威」から、「愛好家／アマチュア」の参加も含めた「発表会」へと変質しつつあったというきわめて素朴な事実を確認することになるだろう。とはいえ、そのうえで公募展が発表会であると確認できてしまうことの意味を、最終節では検討する。

## 2　形式化する公募展批判

### 公募団体展の優越性

第1節でも紹介したとおり、公募展と公募団体は、日本の美術界では特権的な地位にあるとされてきた。例えば、「美術手帖」一九六八年十一月号の特集「画壇の崩壊」(4)は、戦前から美術界で権威を保持してきた画壇、すなわち公募団体の変質する過程を描いている。また、「芸術新潮」一九八五年二月号の「〈日展〉の権威」(5)は、まさに日展の権威の源泉を多角的な観点から分析した優れた特集記事だった。(6)両者ともに、公募展の権威が前提となってはじめて意味のある記述だといえる。このような公募展像が共有されている現状を理解するためには、まずその歴史的経緯に言及しておく必要がある。

これら公募展の嚆矢とされるのが、一九〇七年（明治四十年）に開催された「文部省美術展覧会」（通称文展）である。同展は、在欧公使経験をもつ当時の文部大臣牧野伸顕の尽力によって東京勧業博覧会跡地で開催された、フランスの「サロン展」を模した公設の展覧会である。その後文展は、戦前に二度の改組を経て、現在の日本美術展覧会となる。(7)現在は公益社団法人として運営されているが、その出自を官展にもち、以下に紹介する公募展のなかでも依然として高い地位を占める。

この文展に対抗するかたちで二十世紀初頭に成立したのが、日本美術院展覧会や二科美術展覧会といった公募展である。文展はその設立当初から、日本画の派閥間対立や、西洋画の審査への不満など多くの懸案を抱えていた。これらの課題を解決する方策として一九一二年（明治四十五年）に導入されたのが、日本画の新派と旧派を別個に審査する二科制だった。ところが、その後も混乱は収まらず、横山大観、下村観山らが文展を離脱して日本美術院を再興する。日本美術院は、日本美術史の先駆である岡倉天心が一八九八年（明治三十一年）に設立した研究施設だが、当時事実上の解散状態にあった。横山らは一九一四年の岡倉の命日を期して日本美術院を再興し、第一回の展覧会を日本橋三越で開催する。これが院展の始まりである。

一方、明治末から大正期にかけて西欧で学んだ有島生馬らが帰国すると、洋画壇でも派閥間の対立は激化し、日本画と同様に文展への二科制の導入を要望する。ところが、この要望は採用されず、有島に加えて梅原龍三郎らの洋画家も文展を飛び出し、一九一四年（大正三年）に新たな美術団体を設立した。これが二科会である。官展だった文展、研究機関を母体とした院展に比して、二科展は在野の美術団体という色彩が強く、古賀春江や岡本太郎らの異才を輩出することになった。

公募展の権威が依拠するのは、このような日本美術史上の伝統だけではなく、最終的には国家的な顕彰制度へと連なる各団体が備えた厳格な序列のシステムである。この公募団体の序列化の制度は、大正期から戦後かなりのちの時期に至るまで、日本美術界そのものの序列化の機能を肩代わりしてきた。その理由は、おそらくきわめて素朴なものだ。つまり、美術家が美術界に新規参入し、そこで評価を得ようと考えた場合、公募展以外の機会に自身の作品を発表することが困難だったからである。先に紹介した「美術手帖」の特集のなかで、美術評論家の三木多聞は以下のように述べている。

個展・グループ展がブームになって、激増した貸画廊に氾濫しはじめたのがいつのことかを指摘するのは困難であるが、五五年から六〇年の間に飛躍的に増大したことは間違いない。そして個展・グループ展を開催するものの大部分は、公募団体に籍を置く人びとであった。(8)

この指摘は、以下の三点を示唆している点で重要である。第一に、一九五〇年代以前には貸画廊は一般的ではなかったこと。第二に、「美術家が主たる発表の場を個展にもとめるようになってきた(9)」のも戦後であること。第三に、自らの発表の場を求めて貸画廊を利用し始めたのもまた、公募団体に籍を置く美術家だったことである。逆にいえば、少なくとも戦前は展示が可能な場所は原則美術館に限られ、美術家は主として公募展を通して作品を発表し、その大半は公募団体に所属していたということを意味する。だから戦前に関していえば、日本の美術界は公募団体の集合として想起することが可能であり、だからこそどの公募団体に所属し、そこで何度入選し、どのような役職に就いているのかが、美術家としての成功を一定程度まで保証しえたのである。そこで、この序列システムの概要を、日展を参照してみていくことにしよう。[10]

日展での序列は、「会員」から始まる。だが、この「会員」は、一般的な意味での会員とはだいぶん意味が異なる。なぜなら、学校の同窓会やフィットネスクラブのように、入会金と年会費を支払えば誰もがなれるわけではないからである。実際には日展の会員とは、毎年開催される公募展で二回特選を受賞し（入選ではない）、その後同展の審査員を務めることではじめて得られる資格である。次のステップは「評議員」だが、前記に加えてさらに二回（通算三回）の審査に携わらなくてはならない。例えば、二〇一四年度の日展の日本画部門の審査員は十七人だが、そのうち会員として審査にあたったのは十人である。日本画の会員は一四年七月現在で五十九人のため、単純計算では評議員になるには十二年はかかる。[11]さらに「理事」「常任理事」「顧問」以上の役職を狙うには、日展内部での評価だけでは昇進できない。例えば、理事になるには日本芸術院賞の受賞が必須だし、そのなかから常任理事に選ばれるには日本芸術院の会員となっている必要がある。[12]

このような制度は多くの公募団体が備えているわけだが、この序列が最終的に国の顕彰事業と地続きであることが、公募団体の権威を補強している。規模が大きい公募団体で理事以上になるには、例えば日展では日本芸術院賞が必須とされているほか、他団体でも内閣総理大臣賞、文部科学大臣賞などの受賞歴がある種の基準として働く。同時に、国家的な芸術文化の顕彰機関である日本芸術院にどれほどの会員を輩出しているかが、各公募団体の相対的な位置づけを規定する。つまり、公募団体で一定以上の地位を得ることではじめて国家的な顕彰の対象となる一方、公募団体で一定の評価を受けた美術家を表彰することで、日本芸術院や文化勲章といった制度の安定を生むのである。したがって、日本では公募団体と文化行政が互いに依存することで、権威を形成、維持してきたことになる。

## 形式化する公募展批判

ところがこの公募展、前述のとおり近年の評判はさほどよくない。もちろん日展以外の公募団体の成り立ち自体、官展である文展に対する反発を背景としていたという意味では、その端緒から公募展（文展）は批判されてきた。しかし、公募展に対する否定的な見解が展評の水準を離れ、美術関係者を中心にその制度に対する批判として可視化され、幅広く共有されていったのは、一九八〇年代だったのではないか。

その一因として、同時期に存在感を強めた新しい形式の公募展の増加を指摘できる。本章では、ここまで公募展を「美術団体が主催する公募作品の審査に基づく展覧会」という意味で使ってきたし、歴史的には公募展が公募団体展と同義だった時期はきわめて長い。ところが一九八〇年代に入ると、次第に公募団体ではなく私企業によるコンクール形式の公募展が増加していく。例えば、前身の「日本グラフィック展」から数えれば二十年にわたって継続された「URBANART」（一九八〇一九九年）、それぞれ数多くの現代美術作家を輩出した「フィリップモリス・アートアワード」（一九九六―二〇〇二年）、「昭和シェル美術賞」（一九九六―二〇〇一年）などである。これら新世代の公募展は、旧世代の反省のうえに新たな可能性を模索していた。例えば、「URBANART」のプロデューサーを務めた榎本了壱は、

上野でやっている団体展なんかには非常にたくさんの人が訪れてくるけれども、そのことによってアートのシーンが変わってきたかというと、ああいうヒエラルキーができてしまったところからは一向に新しい展開が得られない。[13]

と述べ、同展では既存の公募展が自明としていた日本画、洋画、彫刻といった硬直したジャンルには縛られずに、デザインも含めたクリエイティブな若い才能の発掘をめざした。一方で、「フィリップモリス・アートアワード」のキュレーションを担当した飯田高誉も、

ほとんどの公募展は、出品作家とその関係者のために存在しているが、社会的には閉ざされていると言っても過言ではない。（略）先の多くの公募展の弊害は、社会主義的デモクラティックなアプローチによって、本来の「突出した才能」を排他し、公募展にそぐう横並びの「平等に分配された才能」から選出していくというものである。[14]

と既存の公募展を批判する。そのため、二〇〇二年の「フィリップモリス・アートアワード」は、第一次審査を通過した作品をもとに東京で展覧会を開催し、そこで公開審査を実施した。そのうえで、入選した作家にニューヨーク近代美術館の展示施設の一つであるＰＳ１で展覧会を開催する権利を与えることで、個の才能を伸ばすことを強調したのである。

加えて二〇〇〇年代に入ると、これらの企業コンクール型の公募展とも異なる、美術館を離れ、巨大な催事場を舞台とした公募展が注目を集めていく。例えば、一九九四年から東京ビッグサイトで開催されている「デザインフェスタ」は出展者が一万人を超えていて、もはや従来の公募展を支えてきた作品の優劣を決定する基準の存在も怪しい。このような規模への志向は、現代美術界での成功を夢見る美大生に人気がある「ＧＥＩＳＡＩ」にも共有されている。同展の名称は美術大学の学園祭の略称である「芸祭」からとられ、世界的な現代美術家の村上隆が立ち上げた公募展である。同展では毎年審査が実施されるが、この会場に所狭しと並べられた圧倒的な物量に困惑しながらの審査を経験した美術評論家の椹木野衣は、以下のように述べる。

そんな審査システムをとってもＧＥＩＳＡＩは、外部から守られ密室で議論も公開されないまま順位が決定されるような日本の公募展とは、決定的に異なる試行なのだ。(15)

ここまで紹介してきた榎本、飯田は展覧会の作り手として、一方で椹木は批評家として、ともに一九八〇年代以降の日本の現代美術界で活躍してきた。このような美術のインサイダーのあいだでは、依然として権威を保持しながらも硬直し、新たな美術的潮流を生むことがない旧世代の公募展に対して強い不満が共有されていたことがわかる。

ここで再度、日展の不正審査疑惑に戻ろう。年が明けて「日本経済新聞」二〇一四年二月一日付の紙面には、「日展、体質の改善急務、入選数を事前に配分、謝礼の授受が常態化、慣行に嫌気、若手離れる」といういささか散漫な見出しの記事が掲載された。内容も見出しのとおりなのだが、最終的にこれらの悪弊もやはり、「すべては日展の「権威」に由来する」という紋切り型の結論で片付けられてしまう。しかし、ここで浮かぶ疑問とは、ここまで美術界に広く共有された「権威なのにもはや新奇性はない」という形式化された公募展批判は、どこまでその実情を反映しているのかという点である。

## 3「私」のための公募展

### 二科展芸能人の両義性

この問いを考えるにあたって有益な視点を提供してくれるのが、二科展に入選する芸能人に向けられた批判である。前節でもふれたように、二科展はその伝統と規模の両面で代表的な公募展の一つだが、その性格としてはより在野に開かれた団体を志向してきた。そのせいもあってか、一九八〇年代に入ると芸能人の二科展入選の話題が頻繁に報道される。早い時期の例としては、八二年に入選した歌手の雪村いづみがあげられる。[16] 雪村は翌年も連続入選を果たすが、この後も五月みどり、石坂浩二や工藤静香といった芸能人が続々と入選している。近年では二〇一二年、一三年とアイドルグループ乃木坂46のメンバーである若月佑美が二年連続デザイン部門に入選したことが話題になった。一方で、このように公募展と接点ができたことで、彼／彼女らもまた、マスメディア、とりわけ大衆誌のなかで揶揄される結果となる。[17] 以下の記述はその典型的なものだ。

　落ち目になりつつある芸能人が「意外な才能」を発揮することで、一躍「文化人」「アーティスト」に変身しようという意図がミエミエだ。だからこそ「二科展入選」のような権威的なお墨付きをありがたがる傾向が強いのだろう。[18]

ここでもまた、美術ジャーナリズムに共有された「権威としての公募展」という認識が踏襲されている。だからこそ、二科展に参加する芸能人を「タレントから文化人へのステップアップのために、芸術ブランドにすがる[19]」存在として描くことが可能なのである。ところが、このような事例も芸能人の入選を報道する記事ではなく、むしろ入選した芸能人自身の発言に注目すると、異なる側面が浮かび上がってくる。

二科展に参加した／入選した芸能人のなかでも、圧倒的にメディアに露出する機会が多かったのは歌手の工藤静香である。一九九〇年に初応募、初入選して以降すでに十七回入選していて、二〇一〇年の第九十五回二科展では特選にも選ばれるなど、もはや常連作家といってもいい。彼女もまた、大衆誌のなかで「タレント芸術家」としてときに批判的に描かれてきたのだが[20]、その露出の多さから自身の発言もまた大量に残されている。彼女の発言を追うかぎり、そこからは権威にすがる文化人タレントとしての側面を読み取ることは難しい。まず、初入選の際の彼女のコメントを引用しよう。

出品することに意義があると思い出しただけで、まったく自信がありませんでした。もちろん今後も歌手としてやって行きますが、二科展にも初心を忘れず出品し続けます。[21]

これがイメージ操作を必要とする「歌手工藤静香」の発言だという点を差し引いても、この字面だけをみれば、あくまで工藤は自身の職業を「歌手」だと考えていて、その合間の時間、つまり自分の余暇の時間を割いて絵を描き、二科展に出品したことがうかがわれる[22]。続けて、東日本大震災を経た二〇一一年秋の第九十六回展に入選した際のインタビューでは、震災後はしばらく絵筆を握る気分ではなかったことを吐露したのち、以下のように続ける。

毎日慌ただしく時間が過ぎていきますが、おかげさまで子どもたちも元気にすくすくと成長しております。子どもたちも絵が大好きなので毎年厳しい感想を伝えてくれます。[23]

初入選から二十年、結婚、出産を経て、タレントから母となった工藤のここでの発言にもまた、画壇での地位の向上を貪欲に狙う姿勢はみられない。むしろ、育児に追われるなかで何とか自分の好きな絵画を続けていて、この趣味に没頭する時間自体が、家族とのコミュニケーションを育む重要な余暇活動であることが伝わってくる。つまり、彼女にとって公募団体内部での職業画家としての成功は、必ずしも自身のインセンティブにはなっておらず、公募展を通じた権威もまた必要とされてはいなかったのである。むしろ、毎年開催され、審査を伴う公募展という場が、彼女の日々の努力の成果を確認できる機会だからこそ重視されているといえる。

そのうえでもう一歩踏み込むべきなのは、だとすれば、このように公募展に入選を続ける工藤静香はいったい「誰」を代表しているのかという問題だ。前述のように、確かに工藤静香は公募展に参加する「芸能人」の代表として大衆誌を中心としたマスメディアに取り上げられてきた。ところが、前述のコメントを読むかぎり、工藤静香とは歌手としてフルタイムで働く二十代女性の代表であり、その後の結婚を経て、子どもをもつ三十代女性の代表となった。つまり、彼女は芸能人である以上に、仕事や家事と両立させながら余暇を通じて絵画を描き続ける、多くの人々とさほど変わらないライフコースを経験する女性のアイコンだったとはいえないだろうか。

### 自己実現としての入選

実はこのような「職業画家ではなく余暇活動の一環として公募展に参加する人々」の存在は、これまでの公募展像からは決定的に欠落してきた。なぜなら「芸術新潮」や「美術手帖」といった専門誌の寄稿者や新聞社の文化部の記者にとっては、公募展の権威はその歴史的経緯も含め自明であり、その参加者は、閉鎖的な公募団体のなかで地位の向上をめざすプロの美術家として、画一的に描かれ、理解される傾向が強かったからだ。その意味では、むしろ美術界でこのような形式的な公募展批判が繰り返されてきたことで、既存のイメージが再生産され、結果として異なる観点から公募展を語る回路を自ら手放していったともいえる。ところが実際には、公募展を対象とした語りは、一九八〇年代以降、美術ジャーナリズムの外側へも広がっていたのである。

その多くは、新聞の生活欄、社会欄、地域欄を舞台としてきた。それぞれ記事の形式は似通っていて、忙しい日常のなかで時間をやりくりしながら絵を描き続けてきた会社員の公募展入選を、好意的に取り上げるといったものである。なかでも早い時期のものでは、「習いはじめて三年、中年婦人が初入選[24]」という記事がある。これは家庭の事情で美術大学への進学を断念し、小学校教師として長年働いてきた女性が、子どもの独立を機に再び絵筆をとって出品し、二科展の入選を果たしたという美談である。

このような記事のなかでもとりわけ興味深いのは、「日本経済新聞」が一九八九年から二〇〇七年にかけて掲載した「サラリーマンプラザ」である。この欄では、自身が所属するコーラスグループで東ドイツへ演奏旅行に行く男性から、休日にナナハンを駆ってツーリングを楽しむ女性まで、会社員が生き生きと余暇を楽しむ様子が毎回紹介されてきた。そしてそこでは、公募展へ入選を果たした会社員らもまた、たびたび取り上げられている[25]。彼／彼女らの記事では、仕事と両立させながら継続して創作活動に取り組むことへの意気込みが強調される。例えば、三度目の二科展入選を果たした繊維メーカーに勤める二十代の女性は、「絵をかいてきて本当によかったと思えるようになるなんて、まだまだ先のこと。それがわかるまではとにかく続けていきたい[26]」と述べるなど、自分の職場を離れて自己実現を可能にする場として創作活動を認識している。この感覚は、二科展と同様に伝統的な公募展の一つである「独立展」に入選した三十代の女性にも共通している[27]。生命保険会社に勤める彼女は、一度は美術学校に通うために会社を辞めようとまで思い詰めていたのだが、社内の絵画クラブの顧問のアドバイスに励まされ、仕事の合間をぬって絵を描き続けることを選択する。彼女の目標もまた「死ぬまでに納得のいく作品を仕上げること[28]」であり、定期的に自己実現の達成度を確認する場として、公募展をとらえていた様子が伝わってくる。

つまり、前述の工藤静香も含め、一九八〇年代以降に公募展に参加した人々の存在を通してわかることとは、実際の公募展は、そのステレオタイプ化されたイメージとは異なり、必ずしも作品で生計を立てる専門職としての美術家だけに占められてきたわけではなかったということである。むしろ公募展は、人生を豊かにしようと積極的に余暇を楽しむ日曜画家たちが、自身の成長を定期的に確認する場として見いだされてきた。もちろん、この傾向は公募展のなかでも二科展に限定されるのではという批判は一定程度正しい。けれども、一連の日展批判後の「朝日新聞」の読者投稿欄に、「日展は出品料さえ払えば誰でも応募ができるため、プロだけでなく仕事の合間や老後の趣味で芸術にいそしもうという多くの愛好家にとっても腕試しの場であった[29]」という声が寄せられたように、二科展に限らず、既存の公募展に参加する際のモチベーションは変容しているのである。

加えて、この議論を支えるもう一つの傍証として、一九八〇年代以降頻繁に出版された一連の公募展のハウツー本があげられる。日本特有の貸ギャラリー文化を側面から支えてきた「月刊ギャラリー」を出版するギャラリーステーションが九六年から刊行を始めた「実践アートシリーズ」は、その好例である。シリーズの第二弾として『公募展に出品しよう』[30]が出版されると、立て続けに『続 アート系公募展に出品しよう』[31]『アート系公募展にチャレンジしよう』[32]が刊行される。このように公募展出品のためのハウツー本が三年ごとに更新されること自体、公募団体に属さず応募する参加者の増加を示唆しているわけだが、このシリーズを通じて読者に提示される公募展参加の意義は、あくまで自身の日々の研鑽を確認する場としてである。同シリーズは、新たに公募展にチャレンジする人々に対し、一貫して閉じた美術界での承認をめぐるゲームへの参入を目標とするのではなく、自分の創作活動の成長を定期的に確認するための場として参加するよう推奨している。[33]なかでも最初に出版された『公募展に出品しよう』の序に付された以下の文章は、参加者が抱く公募展像の変容を如実に物語っている。

創作活動を続けていくということは、自分で自分の解答を探していくということだから、一生続けていくものだ。その過程のひとつとして公募展、コンクールを位置づけて、その中で十分チャレンジ精神を活かし、前向きに自分の世界を解放してみることが重要なことだろう。[34]

## 4 公募展批判の裏に隠されてきたこと

このように本章では、公募展を美術領域での発表会の一形式として取り上げてきた。まず、その成立に至る歴史的経緯をふまえたうえで、公募展が美術界のなかで批判され、そのイメージも「権威あれども新奇性なし」という紋切り型で理解されてきた現状を確認した。そのうえで前節では、実際には一般的な女性のライフコースを歩む公募展芸能人の事例をきっかけに、遅くとも一九九〇年代には、公募展参加者の一定数が自身の余暇活動として制作に取り組む人々によって占められていた可能性を指摘し、美術ジャーナリズムが自律的に再生産してきた公募展像は、必ずしも実情を反映していないことを確認することができた。つまり、公募展は従来のように職業的な美術家が自身の技芸を競い、成功を夢見る登竜門としての性格はいささか弱めながら、一方ではむしろ、生涯の趣味として制作に励むアマチュアの人々が集う場——発表会——としての側面を強めたという事実を確認したのである。そこで、最後にこの素朴な事実の裏に隠された論点にふれることで、本章の結びとしたい。

それは一言でいえば、美術を対象とした「資料群の全体性」という問いを設定できる点にある。とりわけ日本ではその傾向が強い印象があるが、美術・芸術領域を対象とした議論は、原則的には美術界の内側での生産に委ねられてきた。もちろん本章であれば、公募展が職業的な美術家によって占有され、公募団体が日本の美術界の全体像を反映しうる時代であれば、そこにさほど不都合は生じなかっただろう。ところが前述のように、現在の公募展は新たな作品を公開する場であると同時に、多様な背景をもつ人々の余暇活動の成果を発表する機会としての性格を強めている。一方で、美術ジャーナリズムを中心とした公募展の議論はこの変化を検討の対象とすることはなく、旧来と同様の批判に自足することになった。実はこの欠落を描くことが、本章のもう一つの狙いでもあった。この欠落はある意味では当然の結果である。なぜなら、彼／彼女らの議論は、美術界の内側で生み出された資料群に依拠するしかないからである。

ところが現在、公募展を含めて美術界が抱える多くの課題は、実際には美術を対象とした議論が依拠する伝統的な枠組みからこぼれ落ちたことで生じている。誤解を恐れずにいえば、それらは、美術を取り巻く社会環境や経済的基盤の変容が引き起こした課題であるにもかかわらず、純粋に美術を対象とした記述の蓄積を参照して解決しようとすることの歪みが表面化している。むしろ留意すべきなのは、この変化は同時に対象の記述がなされる場の変容も伴うという事実だ。公募展に関していえば、それは一九八〇年代後半、公募展が日本美術界の硬直した制度だったと同時に、新たに生涯学習の成果発表の場としての性格を併せ持つようになったことで生じた。したがって、この両者の認識を同時に可能にする資料の全域性を基盤とすることではじめて、公募展の輪郭がおぼろげに浮かび上がるはずだ。つまり、専門家による美術ジャーナリズムや批評の再生産が可能になっている――純粋に公募展を美術領域の問題として切り離せる――のは、実はその背後で新聞や書籍を通じて余暇や生涯学習の対象として公募展が語られてきたからこそなのである。ゆえに、公募展が美術展であるという素朴な理解を支える資料群の背後にひろがる、公募展の社会的位置づけに光を当てた資料群の存在を意識することができなければ、公募展を通して浮かび上がる問題の根本的な理解には到達しないだろう。

そして、この観点の有効性は、公募展にとどまるものではない。対象を日本に限っても、越後妻有トリエンナーレに代表される近年の国際展の増加は、ツーリズムや地域おこしを対象とした資料群への広がりのなかで想像されるべきものだ。加えて観客参加型の作品の増加もまた、『関係性の美学』[35]に基づいた純粋な美術動向として以上に、美術作品に与えられた社会的機能の上書きとして理解されるべきなのではないか。これらすべてに共通するのは、美術史や美術批評が依拠する資料群からでは、この問題の全体性を見通せないという点である。おそらく、この資料群の全体性という地平で、社会学や文化人類学の視点から美術を描くことの意義を見いだすことができるはずだが、詳細は別稿に譲ることにしよう。いずれにせよ、発表会文化の一例として公募展の理解をめざした本章は、美術、もしくは美術が抱え込んだ課題を対象とした「資料群の全体性」という問いを対象化するうえでの好例でもあったといえるだろう。

注

(1)「朝日新聞」二〇一三年十月三十日付

(2)「朝日新聞」二〇一三年十一月二十日付

（3）田中三蔵「旧態依然の団体展を疑う」「朝日新聞」一九九三年九月十七日付
（4）「美術手帖」一九六八年十一月号、美術出版社、六九―九五ページ
（5）「芸術新潮」一九八五年二月号、新潮社、九七―一二六ページ
（6）「美術手帖」（美術出版社）、「芸術新潮」（新潮社）はともに日本の代表的な美術専門誌。それぞれ一九四八年、五〇年に創刊し、戦後日本の美術ジャーナリズムを牽引してきた。
（7）一九一九年に帝国美術院展覧会（通称：帝展）、三六年に文部省美術展覧会（通称：新文展）に改組している。また、第1節でも紹介した一連の不祥事を受けて、二〇一四年にも名称は日展のまま再び改組を実施した。
（8）三木多聞「画壇はなぜ変わったか――その要因と背景」、前掲「美術手帖」一九六八年十一月号、八二ページ
（9）同誌八二ページ。傍点は引用者。
（10）日展の序列については、「〈日展〉の権威」（「芸術新潮」一九八五年二月号、新潮社）九九ページに詳しい。
（11）二〇一四年度の役員、審査員については、日展の公式サイトを参照した（[http://www.nitten.or.jp/exhibition/shinsain.html]〔二〇一五年一月十三日アクセス〕）。
（12）この日展の昇進プロセスは、美術ジャーナリズムではたびたび取り上げられているが、実際には「規則上の定めではなく、事実上の取り扱いとして慣行的に行われている」（「公益社団法人日展第三者委員会報告書」二〇一三年十二月五日〔http://www.nitten.or.jp/news/images/20131212.pdf〕〔二〇一四年九月十八日アクセス〕）にすぎない。
（13）榎本了壱ら「二〇〇〇年以降のアートのイメージ」、榎本了壱監修『アーバナートメモリアル1980

――1999――日本グラフィック展・オブジェクトTOKYO展・アーバナート二十年のドキュメント』所収、PARCO出版、二〇〇〇年、八ページ
(14) 飯田高誉「日本の美術状況における新たな美術賞の役割」「月刊美術」第三百十一号、実業之日本社、二〇〇一年、四二ページ
(15) 椹木野衣「壮大かつ非現実なアートの実験」「美術手帖」二〇〇七年三月号、美術出版社、一二〇―一二一ページ
(16) 例えば、「朝日新聞」一九八二年九月四日付東京版。
(17) 具体的な記事として、以下を参照のこと。「なぜ？二科展はまるで芸能人入選の輪！」「週刊ポスト」一九九一年九月二十七日号、小学館、五〇―五一ページ、「「二科展」常連・工藤静香ら有名人「情実選考」の全やり取り」「アサヒ芸能」一九九九年十月七日号、徳間書店、三四―三六ページ、「有名人やタレント画家が次々参入する二科展の権威を悪用した〝芸術商売〟」「噂の真相」二〇〇二年十一月号、噂の真相、四八―五三ページ
(18) 前掲「有名人やタレント画家が次々参入する二科展の権威を悪用した〝芸術商売〟」五〇ページ。傍点は引用者。
(19) 同記事五一ページ
(20) 例えば、前掲「「二科展」常連・工藤静香ら有名人「情実選考」の全やり取り」、「「工藤静香」をスピリチュアル画家に変貌させた大震災」(「週刊新潮」二〇一一年九月二十九日号、新潮社、四七―四八ページ)。
(21) 「アイドルから女流画家に転進!?――二科展に初出品初入選した工藤静香」「FOCUS」一九九〇年九月十四日号、新潮社、三二ページ

(22) とはいえ、工藤は同展の審査員を務める原良次氏に師事していた点で、日展批判と同じ構造上の問題を抱えている。
(23) 前掲「「工藤静香」をスピリチュアル画家に変貌させた大震災」四八ページ
(24) 「朝日新聞」一九六〇年八月三十一日付東京版
(25) 例えば、「二科展入選三十回　連続記録今年も」「日本経済新聞」一九八九年五月二十八日付、「週末に絵筆の楽しみ　二科展三度目入選」「日本経済新聞」一九九二年十月四日付。
(26) 前掲「週末に絵筆の楽しみ　二科展三度目入選」
(27) 「絵筆を握って十四年、個展目指す実力派」「日本経済新聞」一九九二年五月三日付
(28) 同記事
(29) 「日展の不正入選　徹底解明せよ」（「朝日新聞」二〇一三年十一月三日付東京版）。傍点は引用者。
(30) 月刊ギャラリー編集部編『公募展に出品しよう――画家・アーティストへの第一歩 美術系公募展への対策 コンクールデータ100掲載』（実践アートシリーズ）、ギャラリーステーション、一九九七年
(31) 月刊ギャラリー編集部編『続 公募展に出品しよう』（実践アートシリーズ）、ギャラリーステーション、一九九九年
(32) 月刊ギャラリー編集部編『アート系公募展にチャレンジしよう』（実践アートシリーズ）、ギャラリーステーション、二〇〇二年
(33) 紙幅から本章では検討できないが、その一因として、一九八〇年代に全盛を迎えるカルチャー・センターの存在を指摘できる。公募展の応募者の構成が多様化するには、絵を学ぶ場自体の拡がりがその前提となるからである。カルチャー・センターに関しては、山本思外里『大人たちの学校――生涯学習を愉しむ』（〔中公新書〕、中央公論新社、二〇〇一年）が参考になる。

（34）月刊ギャラリー編集部編『公募展に出品しよう――画家・アーティストへの第一歩』（実践アートシリーズ）、ギャラリーステーション、一九九六年、一九―二〇ページ

（35）フランスの美術批評家ニコラ・ブリオーの一九九八年の著作（未邦訳）。作品と観客のあいだでの関係性の創出を重視し、二〇〇〇年代の現代美術を支える一つの理論的な背景となった。

第8章

# 発表会化するライブハウス

宮入恭平

## 1 ライブハウスを取り巻く文化

ライブハウスを取り巻く文化を言葉につづろうと思い立ってから、すでに十年以上の歳月が過ぎ去っている。[1] 個人的な経験による違和感から、日本のライブハウスに特有の文化を明らかにしようと思ったのがそもそものきっかけだった。その違和感は、わたし自身がミュージシャンとしてアメリカのライブハウスに出演したことによって生じたものだ。日本国内だけでライブハウスに出演する限りでは、決して覚えることがなかった違和感だ。いまにして思えば、その違和感は一九九〇年代後半、わたしがまだ二十代のころに、アメリカのテキサス州オースティン[2]に住んでいる友人からの誘いを受けて、「スティームボート[3] (Steamboat)」と呼ばれる老舗のライブハウス[4]に出演したときから、心の片隅に芽生えていたように思える。その違和感とは、出演者がライブハウスから定められた金額を支払うノルマ制度に対してのものだ。そして、八〇年代後半に確立したこのノルマ制度を基盤としたライブハウスのシステム化こそが、ライブハウスの発表会化をうながした大きな要因だと考えられる。

ライブハウスの存在が身近になっている今日では、ノルマ制度を含め、ライブハウスを取り巻く文化に関する知識を持ち合わせている人が増えているかもしれない。とはいえ、いまでもライブハウスとは無縁の生活を送っている人も少なからずいるはずなので、ここで改めてライブハウスを取り巻く状況について説明しておく必要があるだろう。システム化したライブハウスでは、出演者がライブハウスから課されたチケット枚数分の金額を支払うノルマ制度が一般化している。ライブハウスでは一回のステージで、三、四組の出演者が交替で演奏することが多い。それぞれの出演者はライブハウスから、ノルマとして課されたチケットの枚数分に相当する金額の支払いを要求される。例えば、一枚二千円のチケット三十枚をノルマとして課された場合には、出演者はその合計金額六万円をライブハウスに支払わなければならない。もちろん、与えられたチケットを事前に売ってその代金をライブハウスに支払えば、儲けにはならなくても出演者自身が損失を被ることはない。さらに、ノルマを超過した集客の売り上げは、出演者とライブハウスのあいだで折半になることが多い。

通常の場合、ノルマ制度は出演者とライブハウスのあいだの取り決めであり、ライブハウスを訪れる観客にはまったく関係のないものだ。言い換えれば、観客として訪れる多くの人々は、ノルマに関する知識を持ち合わせていないということになる。もしかしたらあなたも、ライブハウスに観客として訪れたときに、受付で「どのアーティストのお客さんですか？」と尋ねられたことがあるかもしれない。なぜそのような質問を受けるのかといえば、それはノルマ制度があるからだ。つまり、一回のステージで複数の出演者がいる場合には、それぞれの出演者に課したノルマ分の精算が必要になるため、ライブハウスはどの出演者を目当てに訪れた観客なのかを把握しなければならない。そもそも、ノルマ制度を基盤とするシステム化が確立したのは、ライブハウスがビジネスとして成立するようになった一九八〇年代半ばになってからのことだ。もちろん、ライブハウスの機能を備えた空間はそれ以前から存在していたが、ライブハウスの発表会化を助長したノルマ制度が普及したのは、八〇年代後半になってからのことなのだ[5]。

問題提起という意味合いを含みながら、ライブハウスを取り巻く文化に関する個人の見解を明らかにしてから早十年。残念ながら時間の経過は、わたしが覚えた違和感を払拭するにはいたらなかった。個人的な経験から覚えた違和感はあくまでも主観的なものであって、一般論としては理解されないようだ。むしろ、その違和感は人々の規範となって、自明のものとして共有されているようにさえ思える。あるいは、ライブハウスを取り巻く文化に含まれる「何か」が、自覚的にせよ無自覚的にせよ、人々のなかで容認されているのかもしれない。そして、その「何か」——あるいは「共同幻想」のようなもの——こそが、発表会文化を形成している根幹ではないだろうか。その根幹の一つには、ライブハウスを取り巻く文化では規範となっているノルマ制度をあげることができる。もちろん、ここではノルマ制度そのものに対する是非を問うわけではない。さらにいえば、ライブハウスにノルマ制度があること自体の是非を問うわけでもない。むしろここでは、ある特定の状況下で、ノルマ制度がどのようにライブハウスの発表会化をうながすために機能しているのかという事実を描き出そうと考えている。そして、ノルマ制度によってうながされたライブハウスの発表会化が、人々に容認される背景についてひもとこうと考えている。

## 2　ノルマ制度が助長する発表会化

なぜ、パフォーマンスをするのに、お金を支払う必要があるのか?——アメリカに住む友人にとっては当たり前の疑問を、当時のわたしには即座に理解することができなかった。いまから二十年以上前、当時二十代だったわたしは、ライブハウスに出演しながらメジャーとしてCDデビューすることを夢見ていた。現在のようにインターネットが普及する以前の音楽シーンでは、メジャーからのCDデビューに価値が見いだされていたのだ。(6) そしてライブハウスは、アーティストが実力を磨く場であると同時に固定ファンを獲得する場となり、メジャーへの登竜門として利用されるようになっていた。わたしが初めてライブハウスに出演したのは、一九八七年七月のことだった。それ以降、九〇年代前半までのライブハウスは、すでにノルマ制度こそ導入されてはいたものの、完全なビジネス主義偏向ではなかったように思われる。その理由は、ライブハウスが出演者を審査するオーディションの存在だ。いまでこそ、ノルマによる収入が確約されているライブハウスにとって、出演者は重要な資金源になっている。しかし当時は、自らの看板に恥じないよう、ライブハウスがオーディションによって出演者を選りすぐっていたのだ。もしかすると、八〇年代後半から九〇年代前半は、ライブハウスの質が問われた最後の時代だったのかもしれない。ライブハウスに出演できるかどうかという判断基準は、プロかアマチュアかという線引きではなく、そのライブハウスのステージに見合った演奏ができるかどうかだった。

当時のライブハウスでも、現在と同様に、ノルマ制度を疑問視する声はあがらなかった。もっとも、ノルマ制度に対する出演者の考え方は、現在とは異なるものだった。当時はライブハウスに出演するために、課されたノルマのチケット枚数分に相当する集客は当然だと考える出演者が多かった。「(課されたノルマ程度の、つまり)数十人の集客が困難ならば、メジャーとしてのデビューも不可能だろう」という、ある種のライブハウス・イデオロギーとも呼べる概念が機能していた。ノルマ分の集客が見込めなかったときには、自分自身にライブハウスへ出演するだけの資質が伴っていないという結論が導き出されたのだ。ノルマを達成できないのは自分自身のふがいなさであり、パフォーマンスのためにお金を支払うというよりはむしろ、ライブハウスへの不義理を感じて負債を返却するような気持ちが強かった。なぜなら、ライブハウスの出演者の多くは、音楽で生計を立てることを夢見ていたからだ。言い換えれば、ライブハウスに出演するためには、それなりの覚悟が必要だったのだ。(7) しかし、ノルマ制度の導入によって、気軽にライブハウスへ出演する人たちが増加した。課されたノルマの代金を支払いさえすれば、誰でもステージに立てるという気軽さだ。

ノルマ制度は、好むと好まざるとにかかわらず、ライブハウスをビジネス主義へと向かわせることになった。(8) 出演者にノルマを課すだけで、ライブハウスは最低限の収入が保障される。(9) ライブハウスは、オーディションによって出演者を厳選して質にこだわるよりも、出演者の数を増やしたほうが利益を上げられることに気がついてしまったのだ。ノルマ制度があっても出演したいという需要があるのだから、供給する立場のライブハウスにとっては願ったりかなったりだ。さらにノルマ制度は、それまでオーディションによって篩《ふるい》にかけられていた出演者にとっても、ステージに立てる機会が増えることから好都合だ。言い換えれば、出演者はノルマ分のチケットを完売できなくても、ノルマのチケット枚数分にあたる代金をライブハウスに納めさえすればステージに立てるのだ。結果として、ノルマ制度を導入したことによって、ライブハウスは安定した運営が保障されるようになり、出演者はステージで演奏できる機会が増加した。そして同時に、「誰でも出演できる」という状況を作り出したノルマ制度は、「お金を支払ってパフォーマンスをする」というライブハウスの発表会化をうながすことにもなったのだ。

## 3　出演者と観客の関係

ノルマ制度はライブハウスの発表会化をうながしているが、すべてのライブハウスが発表会化しているというわけではない。現在ではライブハウスが多様化していて、さまざまな用途に応じて利用されている。例えば、収容人数が上は千人規模から下は数人規模にいたるまでと差がありながらも、等しくライブハウスという名称が用いられている。また、有名なプロが出演しているところもあれば、インディーズがプロへの登竜門として利用しているところ、さらには趣味で音楽を楽しむアマチュアにステージを提供しているところまで、一口にライブハウスといってもさまざまな形態がある。また、場合によっては、同一のライブハウスでもプロやインディーズ、アマチュアのステージが混在するときもある。では、どのような状況下で、ライブハウスの発表会化が形成されるのだろうか。

ライブハウスの発表会化は、多様化するライブハウスそのものの特徴によって形成されるのではなく、ライブハウスでおこなわれる個別のステージで形成される。そのときに重要なのが、出演者と観客のライブハウスに対する態度の違いだ（図1）。ライブハウスの発表会化は、出演者と観客の関係で、両者のある特定の態度が一致したときに顕著になる。発表会文化の文脈に沿えば、主にレジャー目的のアマチュアが出演者で、そのステージを目当てに観客がライブハウスを訪れるときに、ライブハウスの発表会化が形成されやすい。このときに、「出演者は発表のためにお金を支払って出演して、観客はその出演者の発表だけを目的に訪れる」という、発表会ではなじみの状況が生まれるのだ。言い換えれば、「あるライブハウスでは発表会化がうながされるが、別のライブハウスは発表会化しない」ということではなく、ライブハウスでおこなわれる個別のステージの状況に応じて発表会化が形成されるというわけだ。

発表会文化の文脈で主体となるのはアマチュアだが、出演者がインディーズの場合でも状況によってはライブハウスの発表会化が助長されることもある。実際のところ、ライブハウスの発表会化の予兆は、ノルマ制度が普及したことによってインディーズの負担が増加した一九八〇年代後半からみられた。レジャーや趣味で音楽とかかわるアマチュアとは異なり、ライブハウス・イデオロギーのもとでプロをめざしているインディーズでさえも、毎回のステージに課されたノルマ分を集客することが困難な状況に陥ることがある。そのときには、出演者自らがノルマに満たない分を負担するか、チケットを無料で配布することになる。プロをめざすインディーズにとっては、空席の目立つ会場で演奏することよりも、多くの観客の前で演奏することのほうが価値あるものだ。したがって、たとえノルマ分の金額が不足しようとも、手当たりしだいにチケットを配布する。必然的に、配布範囲は出演者の知人や身内にまで及ぶことになる。[10] その結果として、ライブハウスの発表会化が形成されることになるのだ。

【出演者の態度】
(1) プロモーションとして利用（主にプロとインディーズ）
(2) レジャーとして利用（主にアマチュア）
↑↓
【観客の態度】
(1) 特定のアーティストやステージ
(2) 不特定のアーティストやステージ

図1　ライブハウスに対する態度

ライブハウスの発表会化は、ライブハウスに導入されたノルマ制度が大きな要因になっている。正確にいうならば、ライブハウスそのものが発表会化しているというよりはむしろ、ライブハウスでおこなわれるステージに発表会化がみられるのだ。ライブハウスの発表会化は、例えば、音楽を趣味として楽しむ多くのアマチュアが、ステージで演奏できる機会を増やしているという点で、肯定的に評価できるだろう。しかしその一方で、ライブハウスの発表会化をうながす大きな要因になっているノルマ制度には、批判的な評価もあるのが事実だ。もっとも、ノルマ制度に対する評価の是非を、国内のライブハウスを取り巻く文化だけから判断することは困難だ。むしろ、国内とは異なる状況との比較によって、公正な評価が得られることになるだろう。

## 4　文化と産業のはざまで

ライブハウスの発表会化をうながしているノルマ制度の是非については、明らかに見解が二分している。特に、ノルマを課される立場にある出演者からの見解と、ノルマを課す立場にあるライブハウスからの見解は大きく異なる。例えば、わたしが覚えたノルマ制度に対する違和感は、明らかにノルマを課される立場、つまり出演者からの見解になる。もちろん、ノルマを課される立場の出演者すべてが、必ずしもノルマ制度に対して否定的な見解をもつというわけではない。ライブハウスの運営をビジネスと位置づけたうえで、ノルマ制度を肯定的に評価する出演者の声も聞かれる(11)。もっとも、わたしが覚えた違和感は、ノルマを課す立場と課される立場の比較からというよりはむしろ、個人的な経験であるアメリカと日本の比較から生じたものだ。

アメリカをはじめ、欧米諸国ではいまもなお、お金を支払って演奏するという行為に抵抗を覚える人が少なくない。例えばアメリカでは、日本のノルマ制度にあたるペイ・トゥ・プレイ（pay to play）が物議をかもす対象になっている。ペイ・トゥ・プレイは文字どおり、「お金を支払っての演奏」という意味で使われている。アメリカ全土からみればペイ・トゥ・プレイは一般的ではないが、例えばカリフォルニア州ロサンゼルスには、ペイ・トゥ・プレイを導入している有名なライブハウスがある。しかし、ここに出演するのは、プロ、あるいはライブハウスからノルマとして与えられたチケットを十分に完売できる見込みがある人たちに限られている。では、アメリカではアマチュアはどこで演奏するのかといえば、小さなバーやクラブが使われている。当然、バーやクラブは、出演者に演奏のためのノルマを課すことなどない。場合によっては、出演者が無料でドリンクを振る舞われ、チップを得られる機会さえある。[12]アメリカに住む友人がわたしに投げかけた疑問――なぜ、パフォーマンスをするのに、お金を支払う必要があるのか？――は、こうしたアメリカの音楽文化が背景にあったのだ。

もっとも、最近のアメリカでは、ペイ・トゥ・プレイの導入が増加傾向にあるようだ。二〇一三年一月、ペイ・トゥ・プレイに関する記事がアメリカのウェブサイトに掲載された。その記事によると、最近になってペイ・トゥ・プレイが普及してきているニューヨークのアンダーグラウンド・ミュージックシーンは、一九九〇年代後半から二〇〇〇年代前半にかけての状況とはかなり変わってきているようだ。当時は地元のバンドがファンや友人、家族をライブに誘い、バンドのメンバーは当日の入場料の一部を収入として得ることができた。そのお金は、ガソリン代、スタジオ代、機材費などに充てられた。しかし、最近ではペイ・トゥ・プレイの導入によって、地元のアマチュアバンドは事前にチケットを売らなければパフォーマンスをおこなうことが困難な状況になっているようだ。そして記事では、「ペイ・トゥ・プレイはライブハウスやプロモーターの搾取以外の何ものでもなく、アーティストを侮辱する失礼極まりない行為だ[13]」と締めくくっている。

ペイ・トゥ・プレイが増加するアメリカでは、その制度に対する批判も多くみられる。例えば、SNSの「Facebook」には“MUSICIANS AGAINST PAY-TO-PLAY”というグループがあり、二

○一三年十二月十一日の開設以来、七千八百二十七人（二〇一四年十月一日現在）がメンバーとして登録されている。それに対して日本では、ノルマ制度に対する「公式」な批判を目にすることは少ない。もっとも「非公式」な立場では、日本でもノルマ制度が話題になることがある。最近では、過去に書かれたノルマ制度に対する批判的なブログがインターネット上で拡散して、賛否両論の議論が巻き起こった。[14]多くの意見はそのブログの主張に対して否定的なもので、あるライブハウス経営者のブログでは辛辣な批判がおこなわれていた。[15]ここでの議論には、「ノルマを課す立場 v.s.ノルマを課される立場」という対立と同時に、「日本の音楽文化 v.s.アメリカの音楽文化」という対立も背後に見え隠れしている（図2）。

| 否定的評価 | 肯定的評価 |
|---|---|
| ノルマを課される立場 | ノルマを課す立場 |
| アメリカの音楽文化 | 日本の音楽文化 |
| 文化としてのライブハウス | 文化産業としてのライブハウス |

図2　ノルマ制度に対する評価

ノルマ制度に対する見解の相違は、ライブハウスをどのような存在としてとらえるのかという解釈にも左右される。そもそも、ライブハウスが誕生する過程で重要だったのは、音楽を含む新しい文化に対する人々の欲求だった。日本ではライブハウスが一般的に定着してから、すでに三十年以上の歳月が流れている。かつては新しい文化の発信拠点だったライブハウスも、時代の流れとともにその存在意義が変化している。ライブハウスが誕生した背景には、自発的に表現の場を求める人々の態度があった。音楽を聴きたい人たち、音楽を演奏したい人たち、そして音楽を提供したい人たちという、三者それぞれの思いが同じベクトルに向かった結果、必然的に生まれたのがライブハウスだった。しかし、ポピュラー音楽のビジネス化とともに、ライブハウスも市場経済の論理に組み込まれてしまった。やがて、ライブハウスのシステム化が確立すると、ノルマ制度はライブハウスを取り巻く文化の規範となった。その結果として、好むと好まざるとにかかわらず、ライブハウスの発表会化がうながされることになった。そして、その評価は、ライブハウスのとらえ方——文化なのか、あるいは文化産業なのか——によっても変わってくるはずだ。

## 5　ライブハウスに求められるもの

台湾では、ライブハウスの閉鎖をめぐる問題が起こっている。国立台湾師範大学からほど近い師大路に、インディー音楽の発信拠点として一九九六年に誕生したのがライブハウス地下社会(Underworld)だ。それ以降、地下社会は十七年間にわたって、台北市だけでなく台湾全土のポピュラー文化の担い手として中心的な役割を果たしてきた。しかし残念ながら、二〇一三年六月十五日、地下社会は多くの人々から惜しまれながらも閉鎖に追い込まれてしまった。地下社会が閉鎖される一年前の一二年七月、わたしは国際学会のパネルセッションに登壇するために台北を訪れていた。学会が開催された会場は偶然にも、地下社会のすぐ近くにある台湾師範大学だった。そのときに台湾ではまさに、地下社会閉鎖反対の抗議運動がおこなわれていたのだ。

二〇一二年七月八日、台湾の立法院(日本の国会にあたる)には、百人を超える人々——ミュージシャン、音楽ファン、そして関係者——が、地下社会閉鎖に抗議するために集まっていた。[16] ちなみに立法院は、一四年三月に中国本土との「サービス貿易協定」締結に反対した台湾の学生が「太陽花（ひまわり）運動」で占拠した場所でもある。地下社会は一二年六月以降、無届けによるアルコール販売と防火などの安全施設の不備を理由に、警察から再三にわたって演奏の中断を伴う警告を受けていた。〇五年の法改正で、音楽のライブ演奏などをおこなう施設でのアルコール販売が禁止になっていたのだ。このときにも地下社会は、アルコールを販売していることを理由に警告を受け、一時的にパフォーマンスの中止を余儀なくされていた。しかし、一二年の警告は、前回〇五年よりも状況が複雑になっていた。その背景には、不明瞭な法律の規制に加えて、地元住民による圧力があった。一一年十月に師大三里里民自救会（Shidahood Self Help Association）と呼ばれる「気難しい市民団体」は台北市に、自らのコミュニティー浄化を求める陳情を始めた。師大路周辺の六百五十軒もの商店のうちの三百五十軒以上を違法と定め、同団体のブログに公表したのだ。市民団体の圧力によって百以上の店が閉鎖に追いやられたが、それらのほとんどは小さなレストラン、カフェや衣料品店だった。地下社会も、この団体によってコミュニティー浄化に値すると判断され、閉鎖の対象になった一軒だ。[17] 幸いなことに、一二年には抗議運動という大きな支持を受けて、地下社会は安全設備を改善することで営業を継続することができた。しかし、それはあくまでも暫定的な措置で、結局、地下社会は一三年に閉鎖という道を選ぶことになってしまった。[18]

地下社会が閉鎖に追い込まれた大きな理由には、コミュニティー浄化を求める地元住民の声があった。同様の動きは、日本での風営法によるクラブの規制問題にもあてはまる。[19] 大阪・ミナミのアメリカ村から始まったクラブの一斉摘発には、さまざまな要因が複雑に絡み合っていた。[20]そして、その要因の一つには、ミナミ活性化協議会によるコミュニティーの浄化があることも忘れてはならない。[21]浄化する側は、音楽、ダンス、表現の自由や文化・芸術にはまったく関心がない。コミュニティー浄化の目的は、自分たちの生活圏からクラブやライブハウスを排除することなのだ。それに抗うために、台湾で、そして日本でも、さまざまな抗議活動が繰り広げられている。ここまでは日本も台湾も共通しているのだが、両者のあいだには決定的な違いがある。それは、「誰が、何のために、何を守りたいのか」ということだ。台湾の状況をみると、地下社会の共同経営者だった何東洪[22]が、「十七年間にわたって地下社会を継続させてきたのは、決して営利目的ではなかった。バンドは地下社会が音楽を育み、音楽を楽しむ場所だということをわかっている。だから、お金のことなんて気にしなかった。重要なのは、パフォーマンス空間という文化をバンドに理解させることだ[23]」と語っている。地下社会閉鎖反対の抗議運動では、もちろん地下社会の経営者やスタッフといった関係者の姿もあったが、ミュージシャンや音楽ファンが中心だった。[24]一方、日本では、クラブを実質的に運営する人たちが、音楽やダンス、表現の自由や文化・芸術を守ることを声高にうたっているのだ。

台湾ではライブハウス地下社会の閉鎖をめぐって、抗議の反対運動が起こった。そして日本でも、クラブの風営法問題をめぐり、現在進行形でさまざまな活動が繰り広げられている。ライブハウス、あるいはクラブが文化の発信拠点であるという特徴を考慮すれば、存続を望む声が出るのは当然のことだろう。しかし、台湾では「文化としてのライブハウスの存続」を望む声があがるのに対して、日本では「文化産業としてのクラブの存続」を望む声が大きいように思われる。しかし、およそ二十年前の一九九〇年代には日本のライブハウスでも、台湾の地下社会閉鎖問題と似たような状況があった。いわゆる、「新宿ロフト立ち退き問題」だ。七六年に新宿西口にオープンした新宿ロフトは、九二年四月に家主からビルの建て替えによる「明け渡し請求訴訟」を起こされた。一審の東京地裁では敗訴し、即日控訴。同月には「新宿ロフトと音楽文化を守る会」が結成され、立ち退き反対の署名運動が始まった。そして、九五年三月に和解が成立し、新しいビル建設の際には再入居を前提とすることで決着した。(25)

残念ながら、現在の日本では、二十年前の光景を目にすることはなくなってしまった。「文化としてのライブハウス」は、「文化産業としてのライブハウス」へと変わってしまった。新宿ロフトを設立した平野悠は、次のように語っている。

店を移転するときに、署名運動がおきたり、守れみたいなことがあったけど、パワステ（日清パワーステーション〔かつて日清食品が経営していたビジネス本位のライブハウス：引用者注〕）あったかい？　ないだろう。そりゃ、毎日毎日、ノルマ課してやってたらさ、そこがつぶれたら、ミュージシャンどもは「冗談じゃねえよ、あそこにいくら注ぎ込んだんだ」ってことになるだろう。ノルマ課して、わけのわかんないバンドと組ませて、三万も四万も払って、「君の持ち時間は十五分です」って言われたら、その空間を守ろうなんて、誰が思う。だから僕は、いまのライブハウスはクズだと。本当に、ちゃんとやってるところもあるよ。そういう人たちを否

定するわけじゃないよ。そういう人たちも間違いなくいる。だけど基本的にはろくでもない、うちも含めて。(26)

## 6 発表会との距離をとらえ直すために

改めて、ライブハウスの発表会化の過程をまとめてみると、ライブハウスのシステム化が確立した一九八〇年代後半には、ライブハウスの質を維持するためのオーディションによる出演者の選別がおこなわれた。しかし、ビジネス主義へと向かうライブハウスは、出演者の質を高めることよりも、その数を増やすことに重きを置くようになった。なぜなら、一組でも多く出演者を獲得したほうが、より多くのノルマ分の収益を得られるからだ。九〇年代後半になると、ライブハウスには多くの人たちが質を問われることなく出演できるようになった。したがって、ノルマ制度の導入は、出演を望む多くの人たちに門戸を開放したという肯定的なとらえ方もできる。しかし一方で、誰もが出演できるという状況は、ライブハウスの発表会化をうながしもしたのだ。かつての出演者は、いわゆるライブハウス・イデオロギーのもとで、メジャーをめざしていた。しかし、ノルマ制度による門戸開放によって、ライブハウスにノルマさえ納めればいいと考える出演者が増加した。レジャー感覚でライブハウスを利用する出演者にとって、ノルマはライブハウスの使用料にすぎない。つまり、レンタルスペースを借りて演奏するのと同じことだ。そこには、好むと好まざるとにかかわらず、ライブハウスを取り巻く文化のなかで培われてきたライブハウス・イデオロギーが存在しないのだ。

ノルマ制度によってうながされたライブハウスの発表会化は、ライブハウスと文化産業との親和性の高さを示唆している。もっとも、このようなライブハウスを取り巻く文化に対して、批判的な意見を聞くことは少ない。言い換えれば、日本ではノルマ制度によってうながされたライブハウスの発表会化が、自覚的にせよ無自覚的にせよ、一般的に容認されているということだ。したがって、「なぜ、パフォーマンスをするのに、お金を支払う必要があるのか?」という質問に対して、疑問の声があがることはない。むしろ、ライブハウスの発表会化という文脈に沿えば、その質問は無効になってしまう。そもそも、発表会化したライブハウスでは、パフォーマンスをするためにお金を支払うのは当然のことだ。そして、ライブハウスの発表会化は、その是非はともかく、文化産業としてのライブハウスで機能することになるのだ。

注

(1)宮入恭平『ライブハウス文化論』(〔青弓社ライブラリー〕、青弓社、二〇〇八年)は、二〇〇五年度に提出したライブハウスに関する修士論文「ライブハウスの社会史」(東京経済大学大学院コミュニケーション学研究科)を土台に書き上げたものだ。

(2)オースティンは音楽が盛んな町として知られていて、一九八七年からは世界三大音楽見本市の一つであるSXSW（サウス・バイ・サウスウェスト）と呼ばれる音楽祭がおこなわれている。なかでも、多くのライブハウスが軒を連ねる6thストリートは有名で、連日さまざまな音楽ジャンルのパフォーマンスが繰り広げられている。オースティンの音楽シーンについては、前掲『ライブハウス文化論』一七七―一八一ページを参照。

（3）スティーヴィー・レイ・ヴォーンが演奏したことでも有名。一九九〇年代後半に閉店。6thストリートにあり、現在は同じ場所でライブラリーというバーが営業をしている。

（4）本来、欧米には「ライブハウス」という言葉が存在しない。「ミュージック・クラブ」「クラブ」「ベニュー」あるいは「スティームボート」のような店名をそのまま呼ぶのが一般的だ。「ライブハウス」という言葉は和製英語なのだ。ちなみに、日本のライブハウスをモデルとした中国や台湾では「ライブハウス」という呼称を用いているが、独自の音楽シーンを築いてきた韓国では「ライブクラブ」という呼称を用いている。ここでは便宜上、アメリカの状況を説明する際にも、「ライブハウス」という表記を用いることにする。

（5）ライブハウスへのノルマ制度の導入は、東京と地方では時間的なズレがある。例えば、長野県でノルマ制度が一般化したのは一九九〇年代に入ってからだ。前掲『ライブハウス文化論』二九―三〇ページ

（6）音楽産業では世界的に、パッケージとしての音楽消費が減少を続けている。日本のCD市場も例外ではなく、一九九八年をピークに生産金額、生産数量ともに減少を続けている。CDで利益を得るのは困難な時代になっているのだ。

（7）一九九〇年代初頭はバンドブームで、多くのインディーズバンドが登場した時期だった。インディーズの登場によって、それまでのプロとアマチュアという二項対立の図式は曖昧なものになったが、

ライブハウスの出演者の多くは、趣味で音楽を楽しむアマチュアとは一線を画していた。
（8）もちろん、出演者を決定する権限はライブハウスにあるから、質の高い出演者と質の低い出演者をバランスよく選択することも可能になる。したがって、すべてのライブハウスがノルマ制度の導入によって、出演者の質を下げてビジネス主義に向かったとはいいきれない。
（9）ノルマとして課した分を含めたチケット代のほかに、ドリンク代もライブハウスの大きな収益になる。
（10）ノルマ制度によって、①ライブハウスが出演者にノルマを課す、②ノルマを達成させるために出演者は友人や知人など身内を呼ぶ、③身内化した観客は付き合いとしてライブハウスを訪れるようになる、という負の連鎖が生じる。宮入恭平／佐藤生実『ライブシーンよ、どこへいく――ライブカルチャーとポピュラー音楽』青弓社、二〇一一年、四九―五〇ページ
（11）前掲『ライブハウス文化論』八六、九一ページ
（12）同書一六九―一七二ページ
（13）"Controversial Pay-to-Play Tactics and NYC's Underground Music Scene" in *Yahoo! NEWS* on January 3, 2013. (http://news.yahoo.com/controversial-pay-play-tactics-nycs-underground-music-scene-225700675.html)［アクセス二〇一四年十月一日］
（14）ジャーナリストの烏賀陽弘道が二〇〇九年に書いたブログ「ライブハウスはミュージシャンを育てない。なぜなら！」(http://ugayaclipping.blog.so-net.ne.jp/2009-07-23-10)［二〇一四年十月一日アクセス］が、一四年一月に「Facebook」上で拡散されて物議をかもした。
（15）広島のライブハウス経営者は、「ライブハウスはボランティア団体ではないので出演者がお金を支払うのは当然」「アメリカでは出演者がお金を支払うことがないのは、あくまでも文化の違いだから

仕方がない」、そして「出演者が客を呼ぶのは当然のこと」と、自らのブログで見解を述べている。「ライブハウスはミュージシャンを育てない…」という拡散しているブログに対しての見解」「Keisuke Nishimoto オフィシャルBLOG」（http://ameblo.jp/rootwest/entry-11758858209.html）［二〇一四年十月一日アクセス］

（16）"Rock fans stage protest over 'live house' closure" in *TAIPEI TIMES* on Tue, July 10, 2012.

（17）"Under the gun" in *TAIPEI TIMES* on Wed, July 11, 2012.

（18）"Live Wire: Underworld: This is the end, really" in *TAIPEI TIMES* on Fri, June 14, 2013.

（19）風営法によるクラブの規制が顕著になったのは二〇一〇年代に入ってからのことだ。事の発端は、大阪・ミナミのアメリカ村にあるクラブが風俗営業法違反で摘発を受けた一〇年十二月にさかのぼる。これをきっかけに、クラブの摘発は全国へと広まった。磯部涼『踊ってはいけない国、日本――風営法問題と過剰規制される社会』河出書房新社、二〇一二年、一七ページ

（20）カジノ誘致の準備としての住宅地と風俗街の分離政策、風営法を建前とした「暴力団員による不当な行為の防止等に関する法律」の強化、あるいは、ヒップホップ・ダンスの中学校での必修化に伴うクラブの健全化、などがあげられる。同書一七ページ

（21）「ミナミ活性化協議会」（http://minami-kasseika-kyogikai.org/）［二〇一四年十月一日アクセス］

（22）台湾の輔仁大学教授でもある何東洪は、二〇一三年七月十四日に東京経済大学で開催された「カルチュラル・タイフーン二〇一三」のパネルセッション「文化と政治――音楽が鳴り止むとき」（登壇者は何教授のほかにアンディ・ベネット、簡妙如、磯部涼、ネルソン・バビンコイ、そして司会が宮入恭平）で、地下社会の閉鎖問題について報告している。

（23）"Live Wire: Underworld: This is the end, really"

(24)日本でも有名な台湾のバンドMaydayのベーシストMasaは、「政府に財政支援を求めているわけではなく、法改正を求めているだけだ。ライブハウスが存続して、バンドがパフォーマンスできることを望んでいるだけだ」と語っている。ライターで音楽ファンの歐陽靖は、「ライブハウスは台湾のインディー音楽の発展にとって重要だ。政府は文化的な創造の発展を支持すると言っているが、インディー音楽はそこから排除されている」と語っている。"Rock fans stage protest over 'live house' closure"

(25)ロフトブックス編『ROCK is LOFT――1976―2006』(LOFT BOOKS)、ぴあ、一九九七年、二五〇―二五七ページ

(26)新宿ロフトを設立した平野悠(現在はライブハウスロフトグループ席亭)のインタビュー。前掲『ライブハウス文化論』二一四―二一五ページ

## 第9章　アメリカの発表会

早稲田みな子

## 1　南カリフォルニアとハワイの「日本」

　本章ではアメリカの発表会を取り上げ、その特徴を浮き彫りにすることで、日本の発表会との比較材料を提供したい。南カリフォルニアとハワイは、アメリカのなかでも日系アメリカ人の人口が多い地域である。十九世紀末から始まった日本人労働者のアメリカへの移住は、一九二四年の排日移民法(1)の施行まで続き、現在はその子孫たち、および戦後の移民法改正後に移住した新移民とその子孫たちが、それぞれの地域で日系社会を築いている。南カリフォルニアとハワイの日系社会では、移住初期から日本音楽・芸能が教授・教習されていた。移民のなかで芸のたしなみがある者や日本から招聘された師匠たちが、謡曲、長唄、日本舞踊、箏曲など、さまざまなジャンルの日本の芸能を教授し、日系人たちは、故郷を懐かしんで、また娯楽として、あるいは日本人としてのアイデンティティーの表現としてそれらを習い演奏してきた。しかし、アメリカという新しい環境の下、そこで生まれ育った日系人が弟子の大半を占めるなかで、現在日本音楽・芸能のあり方は、師弟関係、教授法、レパートリーなど、さまざまな側面で変容している。本章は、そのなかでも弟子による発表会（「おさらい会」あるいは「温習会」などともいわれる）に着目し、その変容の要因と実態をさぐる。アメリカの発表会は、日本の発表会が内包する問題に、何らかの示唆を与えてくれるかもしれない。

## 2　家元制度と発表会

日本の諸芸能の教授・教習で非常に重要な役割を担ってきたのは、家元制度といわれる文化的・社会的制度である。日本の発表会のシステムも、この家元制度という大きな枠組みのなかで機能しているといっていい。長い歴史を通じて育まれてきた日本的人間関係や精神構造に拠るところが大きい家元制度は、移民とともに日本の外に移植されることで、変容を迫られてきた。(2) 当然、その制度下で機能してきた発表会のシステムも、新しい環境や要求に適応すべく変化をとげている。

『イデオロギーとしての家族制度』の著者・川島武宣は、家元制度の重要な観念的原理の一つに「門弟の忠実奉仕義務」があるとし、さらにその義務の一つとして「金銭的義務」をあげている。(3) この義務は、忠誠心という道徳的価値観によって正当化されていて、理論的には門弟の自発的行為だが、現実では門弟が果たすべき義務として大きな負担となっている。日本の発表会のシステムは、この門弟の「金銭的義務」が遂行されることによって機能している。すなわち、発表会の諸費用や師匠へのご祝儀、そして多くの流派では、そろいの浴衣購入などのすべての負担が、門弟の義務として慣習的に遂行されているのである。日本では発表会といえば、弟子が自身の日頃の練習成果を親類・知人などに披露させてもらう場であり、一般的な公演会とは異なる。そのため、発表会はたいてい無料で、さらに来場の客全員に、感謝の意を表する意味で寿司の折り詰めやお菓子などを配ることが多い。こうした形態をとる発表会では、弟子が諸費用すべてを負担し、さらに師匠へのご祝儀まで出すため、かなりの出費となる。例えば、日本で十五年以上宮城派の箏曲に携わり、教師の資格を得て一九八七年に渡米したある女性は、当時の日本でのおさらい会出演費用が、弟子一人十万円は下らなかったと回想している。[4] そこまで高額の出費を伴わないにしても、「練習した成果を、参加費を払ってまでも、家族・知人に見ていただく」という現在の日本で一般化している現象、すなわち本書が定義する「発表会」は、このような家元制度下の発表会にそのルーツをたどることができる。言い換えれば、アマチュア文化活動と密接に結び付いた発表会の経済システムは、家元制度を基盤として確立し、その後日本文化の枠を超えて広く浸透していったといえる。

## 3 アメリカの発表会システム

日系アメリカ人を中心とする南カリフォルニアとハワイの弟子たちにとって、このような発表会のシステムは相いれないばかりか、経済的に実現困難である。日本人にとっても発表会に伴う経済的義務は大きな負担であり、みんなが納得しているわけではない。しかし、それでもこの義務が慣習的に維持されているのは、それを正当化する「忠実奉仕」という考え方が健在だからだろう。そして、このメンタリティーを支えているのは、師匠のステイタスや肩書を重んじる日本人の権威主義である。[5] 日本的な師弟間の主従関係に根差した弟子の経済的負担は、アメリカの合理主義的考え方からは理解しがたい。この問題をいかにしてクリアするかは、アメリカで日本音楽・芸能を教える師匠たちにとって大きな課題となった。そして、彼らは実に柔軟にこの課題に取り組み、現在新しい形の発表会をアメリカで実現させている。

アメリカ式発表会が、弟子の経済的負担を軽減するために取り入れている主な工夫は、以下の四つである。①チケット制度：観客はチケットを購入しておさらい会を鑑賞する、②助成金：企業や政府の芸術振興のための助成金を獲得する、③広告収入：発表会のプログラムに企業の広告や個人(出演者の友人・親戚など)のメッセージを掲載し、広告収入を得る、④ファンド・レイジング：ガレージセールやバザーによって資金を調達する。こうした工夫を取り入れたアメリカの発表会は、その内容や目的にも変化が生じている。単なる弟子の成果発表の場ではなく、「見せる」「楽しませる」発表会へと展開しているのである。

## チケット制度

チケット制の発表会は、南カリフォルニアでは遅くとも一九七〇年代にはおこなわれていた。一九七三年生まれの日系二世A氏は、三歳からロサンゼルスで日本舞踊を学び始めた。A氏の師匠である新一世(戦後移民)のB氏は、すでにチケット制の発表会を導入していたという。しかし、当時のチケット制はまだ過渡的なもので弟子の経済的負担はそれほど軽減されていなかったようだ。

私のお師匠さんはお弟子さんたちに切符の割り当てを渡し、売れないぶんは自己負担になりました。それプラス、舞台でかかる費用を請求していました。これは、日本と同じやり方ですね。また日本では、会はお師匠さんの主要な収入源になるくらい実際の金額よりも多い金額をお弟子さんたちにかぶせて請求しているみたいです。でも、もうそれが当たり前でお弟子さんたちも承知していると思います。私の両親の時代はアメリカでもまだそれが通じていました。お師匠さんからいくらと言われたら、何も言わず、そのまま払うのが当たり前の世界です。(6)

A氏は、現在ロサンゼルスで教授所を開いている。やはりチケット制の発表会を採用しているが、自分の師匠と同じようなやり方は、どうしてもできなかったという。それは、A氏が教える弟子たちの親の世代交代による。

私のお弟子さんたちのご両親はこっち生まれの日系人で、金銭的なことはとてもシビアな問題になります。自分たちが出したお金がどのように使われているのか明確に知りたがります。そのため、私は、会のあとでもファンド・レイジングのあとでも明細書を出しています。特に日本舞踊のために使うとなると……。バスケットボールのためであればいいのに、日本舞踊になると難しくなるみたいです。これはアメリカ文化ですね。以前、一人のお母さまがお話ししてくださったのですが、日本舞踊は舞台に立つ時間が短く、いっぺんでそれだけの金額を使わなければならないけど、バスケットボールで例えばラスベガスのトーナメントに行って宿泊など含めて、同じくらい金額をかけるとしても家族全員で楽しめる。家族、親戚みんなで行って

みんなが遊んで食べて楽しめると言っていました。それも一理あるなあ、と思いながら勉強になりました。(7)

A氏は弟子に割り当てたチケットが売り切れなかった場合、弟子の自己負担にするのではなく回収している。

ロサンゼルスで活動する日本民謡の松豊会（会主・佐藤松豊）もチケット制を導入しているが、やはり弟子の買い取りは義務ではない。また、弟子がチケットを買い取った場合、日本では知人・親戚などに無料で配ってしまうことが多いが、松豊会の弟子の場合は無料で配ることもあれば、買ってもらうこともあるという。(8) 声をかけるのは、親戚や親しい知人なので、喜んで演奏者をサポートしてくれるからだ。チケット制の発表会が比較的普及していることも、チケットを売ること、買うことに対する抵抗をなくしているのかもしれない。

戦後の南カリフォルニアの箏曲指導の第一人者、工藤かずえ氏（宮城派）も、チケット制発表会を導入してきた。工藤氏は、ロサンゼルス生まれの日系二世と結婚して渡米、一九五五年に自身の教授所を開き、多くの弟子を養成してきた。(9) 工藤氏の弟子の一人、粟屋陽子氏（新一世）もまた、七五年に自身の粟屋会を創立し、以来、現在に至るまでチケット制の発表会をおこなっている。粟屋会では、弟子一人につき十五枚のチケット買い取りがノルマとなっている（二〇一〇年では一枚二十五ドル）。弟子は、買い取ったチケットの半分ほどは親戚・知人に配り、残りは売るケースが多い。無料で配った場合も、「ご祝儀」がもらえるので、マイナスにはならないという。(10) 発表会の

図1　第35回粟屋会箏曲演奏会のチラシ（2010年）

チケットを販売するという日本にはない慣習と、「ご祝儀」という日本的な慣習の併存が、日系アメリカ社会を特徴づけている。

チケットは、もちろん一般販売もおこなわれる。販売窓口は各会の担当者のほか、チケット取り扱い業者や日系の商店（旅行代理店、和菓子屋、書店など）である。一般販売用のチラシも作成する。

出演者と個人的なかかわりがない一般客は、どのようにして獲得するのか。それには、地元の日系メディアが大きく関与している。例えば、南カリフォルニアの場合、「羅府新報」（日英両語）、「日刊サン」（日本語）、「Cultural News」（英語）などの新聞が、発表会の広告や記事を掲載する。ＵＴＶなど日系テレビ局や日系のラジオ局でも発表会を宣伝してくれる。ハワイでも、日系新聞の「ハワイ・パシフィック・プレス」（日英両語）、ＫＩＫＵテレビやＫＺＯＯラジオ局などの日系メディアが発表会情報を発信する。粟屋氏は、日系メディアとの親密な関係を以下のように説明している。

図2　松豊会温習会の記事
（出典：「羅府新報」2013年9月5日付）

こちらのメディアの方々は日本の行事に対してとても協力的で、イベントの前の広告、当日の取材、そしてあとの結果もその様子を記事にして掲載、テレビ局もニュースとして出してくれます。日本と違うところと思います。ただし、お互いに持ちつ持たれつで、また人間関係もとても大事なのです。常にメディアの方々と接することも心がけなければなりません。[11]

広告や記事を載せてもらうために事前にメディア関係者と連絡をとったり、招待券を送ったりするのは師匠の仕事である。ハワイでも師匠と日系メディアの密接な関係は同様で、発表会の取材にきたメディア関係者に「お車代」を渡すなどの気遣いもみられる。ここでも、発表会を一般のメディアで広報するという日本にはない慣習と、それを円滑におこなってもらうための日本的な配慮とが共存している。さらにハワイでは、大きなイベントの場合、キックオフ・パーティーというものがよくおこなわれる。これは、そのイベントの準備をスタートするために、イベント主催団体のメンバーや、同じような芸能団体の代表や日系メディアなどを呼んで開くもので、メディアを呼ぶことによって、いつどこで、誰が出て、どんなイベントが開かれるのか、チケットはいくらで、どこに連絡すれば手に入るのか、といったことを記事にしてもらえる。[12] 箏曲の粟屋会（カリフォルニア）では、会のウェブサイトからもチケット購入が可能になっている。このような広報・販売の努力があって、素人による発表会の有料コンサート化が可能になっている。

## 助成金の獲得

芸術・文化活動をサポートするための政府や企業の助成金も、アメリカでの発表会の実現に貢献している。ただし、これは非営利団体でなければ申請できないケースが多い。そのため、アメリカでは非営利団体を名乗っている芸術・文化団体が多い。前述の日本舞踊のA氏の師匠である新一世のB氏、民謡松豊会の佐藤松豊氏、箏曲の工藤かずえ氏、粟屋陽子氏、いずれも自らの社中を非営利団体として登録している。ロサンゼルス・カウンティのArts Commission's Organizational Grant Program（芸術委員会団体助成プログラム）では、非営利の芸術団体の活動をサポートするさまざまな助成金を用意している。[13] また、ハワイのホノルル市では、非営利団体に市の施設を無料で貸し出していて、発表会の会場費の節約に役立っている。しかし、弟子の負担軽減のために会場費を節約したい団体は多く、市の施設を確保するのはなかなか困難なようだ。[14] 助成金の獲得も、もちろんた

図３　松豊会主催「日米交流民謡郷土めぐり」（2012年）プログラム表紙。ロサンゼルス芸術委員会（Los Angeles County Arts Commission）のロゴと、全米芸術基金（National Endowment for the Arts）のロゴ“Art Works”があり、助成金を得ていることがわかる

やすいことではない。松豊会では、申請書を書くのが得意な弟子がいて、発表会の一年くらい前から申請書の準備を始めるという。助成金の金額は、千ドルから一万ドルまでいろいろあり、高額の助成金はやはり競争が激しい。助成が認可されても、まずは費用を立て替えて発表会をおこない、その報告をすることで払い戻しがおこなわれる。申請から報告まで、それなりの手間と苦労が多いが、弟子も積極的にかかわってこうした資金を獲得することで、経済的負担の少ない発表会が実現している。(15)

弟子が発表会の資金調達に積極的にかかわるという側面は、以下に述べるプログラムの広告集めとファンド・レイジング活動に、一層はっきりとみることができる。

### 広告収入

ハワイでも南カリフォルニアでも、発表会のプログラムに地元の企業や商店の広告、あるいは知人・親戚などからのメッセージが掲載されていることは珍しくない。広告の有無や分量は団体や発表会の規模によって異なるが、広告は発表会主催者にとって重要な収入源となる。筆者が入手することができたいちばん古いプログラムは、一九七〇年におこなわれたハワイの坂東桔梗会（日本舞踊）のものである。百ページにも及ぶそのプログラムのなかで広告がないページは四ページほどしかなく、ほとんどのページで出演者の名前や写真、演目などと広告が半々になっている。

また、広告だけのページも三十ページほどある。同会には、「賛助・補導」として、日本から舞踊家二人と長唄演奏者二人が招聘されているが、その謝礼などを含む相当な額の費用の一部が、広

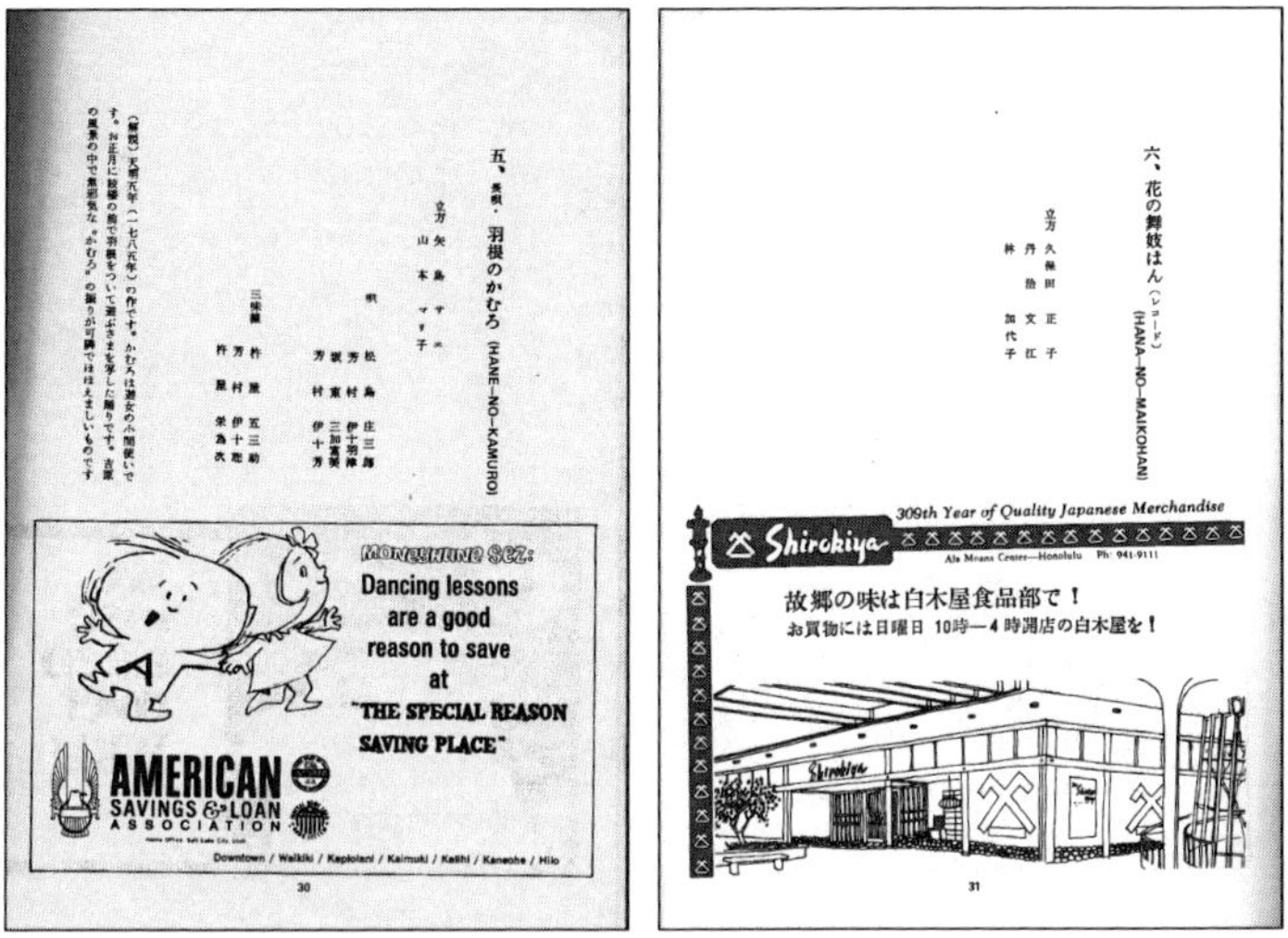


図4　演目と広告が半々のページ（1970年）
（出典：第4回坂東桔梗会舞踊会プログラム）

告によって賄われたことが想像できる。一九八〇年の桔梗会のプログラムも同じような体裁をとっていて、賛助・補導も、やはり日本から四人を招聘している。二〇〇〇年の瀬川仙加舞踊会（ハワイ）の発表会では、衣装、かつら、後見担当者それぞれ一人と、義太夫節の太夫一人が日本から招聘された。同会のプログラムでは、七ページのうち三ページ半が広告、さらに「謝辞」（Acknowledgement）の欄があり、何らかの形で会をサポートした企業・個人名が合わせて十一件列挙してある。

　南カリフォルニアの粟屋会（会主・粟屋陽子）の箏曲発表会では、弟子一人につき一つ以上の広告を取ってくることがノルマとなっている。二〇一〇年の発表会では、いちばん小さい広告が三十ドル、いちばん大きい広告（A4サイズ）が二百ドルだった。自分で広告費を負担する弟子もいれば、自ら広告を取っ

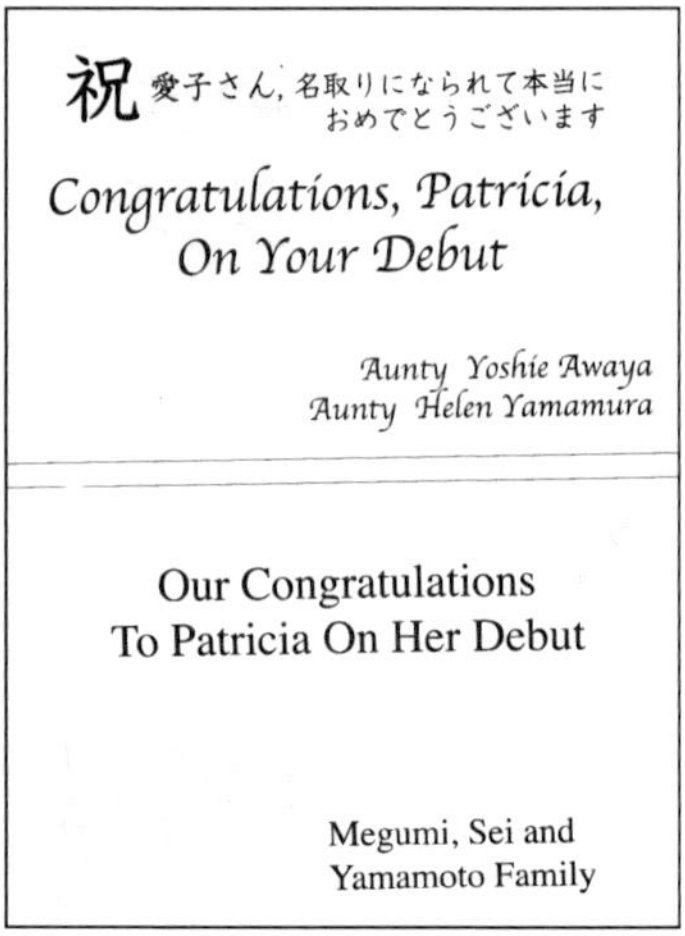


図5　親戚・知人からの祝辞（2007年）（出典：第16回粟屋会箏曲演奏会プログラム）

てくる弟子もいる。プログラムを見ると、企業や商店の広告も多いが、演奏者の知人・親戚などからの祝辞も目立つ。彼らは、広告のかわりに祝辞をプログラムに載せることで、広告費に相当する額を負担することになる。つまり、祝辞は演奏者に対するご祝儀、あるいは会に対する寄付と考えていいだろう。祝辞のスペースが大きければ大きいほど、たくさん出資をしたということが、少なくとも会の内部者には一目瞭然である。祝辞は、特に演奏者が名取披露をする場合に多く、紙面を華やかに飾る。名取披露はDebutあるいはDebut Performanceと称され、まさにプロデビューとして周囲も大いにもり立てるのである。

### ファンド・レイジング

アメリカでは、学校や教会、あるいは慈善活動のためのファンド・レイジングをよく見かける。路上で学生たちが“Car Wash”と書かれた看板を掲げ、洗車と引き換えに寄付金を集めたり、教会で不用品やボランティアが用意した焼き菓子などを売って資金集めをしたりと、ファンド・レイジングは日常的におこなわれている。日本では募金活動はよく見かけるが、このように何らかのサービスや物と引き換えに寄付をしてもらう活動はあまり見かけない。アメリカでは、発表会の資金集めのためにもファンド・レイジングがおこなわれている。

前出の日本舞踊のA氏は、弟子たちと一緒に不用品を集めてガレージセールをしたり、稽古場として借りている会館のバザーでスパムむすびを売ったりして発表会費用にあてている。ハワイの花柳舞踊専門学校（校長・花柳三津愛）でも、ファンド・レイジングをおこなっている。[16]ハワイでは、フラのグループ（ハラウ *halau*）もコンサート開催やコンペティション出場のために、Tシャツ、工芸品、手料理を売るなどのファンド・レイジングをおこなっている。このようなファンド・レイジングは、フラ・グループが一つの大きな家族（オハナ *'ohana*）と考えられていることによるという。[17]弟子一人ひとり、またその家族が、師匠を中心とする大家族の一員として資金集めのために協力し、労力と時間を惜しまない。日本でも、音楽・芸能・スポーツなど、さまざまな分野に疑似家族制度がみられるが、それは家元あるいは家元に相当する指導者を頂点とする封建主義的主従関係によって成り立っている。だからこそ、発表会のために多大な費用を請求されても、弟子はそれを「忠実奉仕義務」として黙って受け入れるしかない。アメリカの発表会のためのファンド・レイジングは、師匠、弟子、その家族を巻き込んだ共同作業であり、そこでは「責任を分け持つ」ことを重視するオハナの家族観に近い感覚が共有されている。さらに、共通目的のために家族ぐるみで参加するというこのスタンスは、ファンド・レイジングだけでなく、アメリカのボランティア活動にも広くみられるもので、アメリカ的ライフスタイルが発表会に取り入れられた現象とみることもできるだろう。発表会費用をめぐる日本とアメリカの師弟関係の違いは、以下のA氏の言葉にもはっきりと表れている。

教える方の立場としては、日本の方が確実に収入があり、舞台をおこなうことで赤字は絶対に考えられないですね。また、それによって生計を立てていけるのでいいと思います。アメリカでも出す方は出しますが、当たり前の世界からはほど遠いです。どうにか費用を削減したがる方たちもいっぱいいます。お弟子さんの立場からしてみると日本のやり方は多少なりとも理不尽な面がありますね。でも、それが日本の伝統文化とも言えるのでしょう。師匠には何も言わず、言われたとおりに出すものを出す。ですから日本ではやはり、お金持ちでないと日本舞踊はできないという常識があります。（略）私がアメリカで感じるいちばんの長所は先生だけの舞台ではなく、みんなで作り上げていく舞台、みんなのための舞台ということです。父兄が舞台の裏方をし、大道具の持ち運びを手伝い、楽屋のさまざまな仕事、リハーサルが始まる前に所作舞台をみんなで拭いたり、みんなで協力し合いながらプログラムを作成し、ビラを作ったり、宣伝したり、まだまだいろいろとありますが、本当にみんなが一丸となって助け合わなければできません。会をすることによって、教室がまとまり、みんなが一つの目標に向けて進んでいけるような気がします。ですから、打ち上げのときは本当にみんなでお疲れさまでした、とお互いをねぎらいます。(18)

アメリカでは発表会のための資金集めの苦労は多いが、このように、その分本当の意味での家族的関係が師弟間で築き上げられ、それは長所ともなっている。

## 4　発表会を通じた新しい現象

ショーとしての発表会

発表会のための資金集めは、アメリカの発表会そのものの性質や、発表会のあり方にも変化をもたらしている。日本で「おさらい会」や「温習会」と呼ばれている発表会がたいてい無料であるのは、それが弟子にとって日頃の練習成果を知人や親戚に披露させてもらう場であるからだ。「おさらい」という言葉が示すとおりである。しかしチケットを購入してまで来場してもらうためには、それなりの価値を付加しなければならない。そのため、レパートリー構成や舞台演出で、聴衆を楽しませ、飽きさせない工夫が凝らされている。また、チケット制の場合は知人・親戚以外の一般人を観客として想定しなくてはならない。知人や日系人以外の幅広い聴衆にも興味をもってもらうための工夫が必要になってくる。日本の一般的な発表会とは一線を画す、こうしたアメリカのチケット制発表会は、実際「発表会」や「おさらい会」という名称のかわりに、「箏曲演奏会」「舞踊会」などのタイトルを用いている（図1・4・5参照）。

ロサンゼルスの粟屋会箏曲演奏会では、邦楽以外のいろいろな要素を取り込むことで、毎年異なる趣向を凝らしている。例えば二〇一〇年には白人の落語家ビル・クローリーが司会を務めるともに落語も披露した。またレパートリーには「琉球民謡による組曲」（作曲：牧野由多可、一九六六年）が取り入れられ、沖縄舞踊の社中（ゲスト）による琉球舞踊も披露された。この曲は、もともと箏（二面）、十七絃、尺八のために書かれたものだが、この演奏会では、尺八のかわりにフルートが用いられ、さらに太鼓が加えられた。粟屋会の演奏会では古典曲も必ず一、二曲は演奏されるが、このような現代邦楽がプログラムの中心を占める。[19] そして、その楽器編成もオリジナルのままではなく、洋楽器を含む邦楽以外の楽器や合唱を加えるなどして独自性をもたせている。例えば〇七年の演奏会では、中国の二胡と琵琶が使われた。さらに、粟屋会ではアニメソング（「となりのトトロ」「崖の上のポニョ」など）、西洋芸術音楽（特に広く知られている曲）、日本のポップスや童謡などのアレンジも毎年レパートリーに加え、変化をもたせている。

ロサンゼルスの松豊会では、「おさらい会」や「温習会」と題した会を定期的におこなっているが、松豊会発足四十五周年記念の二〇一〇年には「民謡の祭典」と題した大規模な会がおこなわれた。そこでは門弟の歌う民謡に合わせてゲストによる日本舞踊や民謡舞踊が披露され、また日本から招聘したプロの民謡歌手によるショータイムも設けられた。さらに松豊会では、若手の弟子を中心に、ギターやベースを加えた新しいアレンジの民謡演奏もおこなっている。民謡ステーションと名づけられたこの若手ユニットも、「民謡の祭典」の一部を担った。ロック・ジャズ編曲の民謡は、民謡をより広い年齢層の、そして日系人以外の人々にも楽しんでもらうことを目的としている。[20] 民謡ステーションの活動は、民謡や三味線そのものの宣伝・普及に大きく役立っていて、結果的に松豊会の新弟子の獲得にも貢献している。

## 芸能を中心とした日系ネットワーク形成

アメリカ式の発表会は、さらに日系社会内部のネットワーク形成にもつながっている。前記のようなショーとしての発表会では、いろいろな分野のアーティストがゲストとして協力する。そのため、ジャンルを超えた日系アーティスト同士のネットワークが形成される。また、チケット制発表会実現のためには、プログラムに広告を出してくれる地元企業・商店などや、発表会を広報してくれる日系メディアの協力も欠かせない。そのため師匠自身が日頃から、こうした日系コミュニティー内のさまざまな団体と友好な関係を築く努力をしている。そうすることによって日本の芸能を中心とした日系ネットワークが形成されている。名取披露の場合などに、名取の知人・親戚から祝辞が寄せられることはすでに述べたが、○○周年記念というような大きな節目の会になると、広告を載せる企業や商店も広告の一部に祝辞を寄せる。

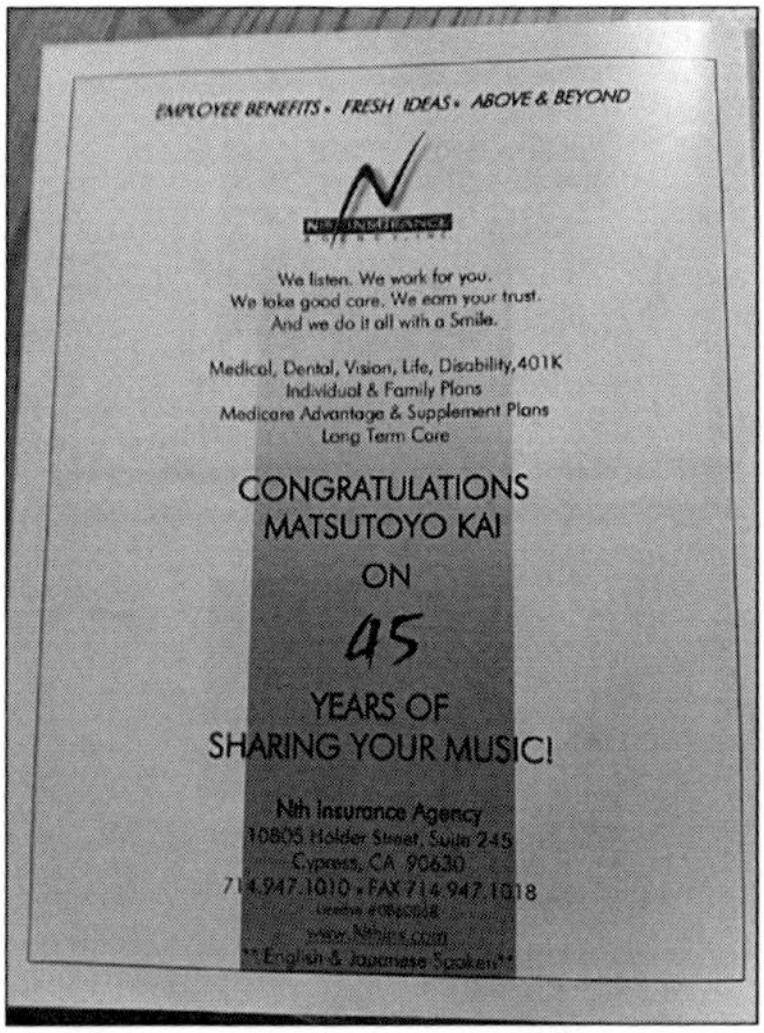

図6　お祝いメッセージ入り保険会社の広告（2010年）
（出典：松豊会発足四十五周年記念「民謡の祭典」プログラム）

これらの祝辞からもわかるように、アメリカ式発表会は、日系社会全体を巻き込んだ取り組みによって実現している。そして、この取り組みは発表会を金銭的に支えるだけでなく、日系コミュニティー全体で日本の芸能を支援していこうという連帯感や一体感をもたらしている。そこには、個々の社中の支援だけでなく、アメリカでの日本伝統文化の継承・促進、さらには日米文化交流といった大きな目的や意義が意図されている（これらは大義名分として、政府の助成金を獲得するうえでも重要だろう）。実際にお師匠さんたちの多くもそのような使命感をもっている。ハワイの花柳舞踊専門学校の校長・花柳三津愛氏は、同校の発表会（リサイタル）に関して、次のように説明している。

私たちが毎年おこなうリサイタルは、弟子たちの練習成果を披露する場であると同時に、初代花柳三津秋〔この会の創設者：引用者注〕の遺産と使命を受け継ぎ、日本舞踊と長唄を通じて日本の文化芸術をハワイに永遠に伝え促進する努力でもあるのです。[21]

このような意識は、アメリカ社会での日本文化の担い手という自身の立場に対する責任感から生じているのだろう。大規模な発表会のプログラムの冒頭には、ロサンゼルス市長、日本領事、日系商工会議所の会長などからの祝辞が数ページにわたって掲載される。それらの祝辞でもアメリカの多文化共生や異文化理解の一要素としての日本芸能の重要性が頻繁に言及されている。

芸術的な才能と文化の多様性のこのすばらしい祝宴に、トーランスのみなさんに、ぜひ参加していただきたいと思います。（ダン・ウォーカー、トーランス市長、二〇〇四年[22]）

カリフォルニア州は、さまざまな芸術と伝統をもつところです。長きにわたり日本文化を促進してきたみなさんの努力は、私たちの多様なコミュニティーにすばらしい貢献をしています。（アーノルド・シュワルツェネッガー、カリフォルニア州知事、二〇一〇年[23]）

粟屋箏曲会のみなさんが、南カリフォルニアにおける日本文化に対する意識や理解に多大な貢献をしてきたことに対し、ロサンゼルス日本領事館を代表し、お祝いを申し上げます。（野本佳夫ロサンゼルス総領事、二〇〇四年[24]）

当館の二十五周年を迎えるにあたり、日本の伝統芸能を通じて、アメリカで日本文化を根づかせるべく、たゆまぬ努力をしている芸術家たちを支援することの重要性を、私たちはいままで以上に強く認識しています。（トーマス・イイノ、日米文化会館館長、二〇〇六年[25]）

これらの祝辞からもわかるように、日本の芸能は、アメリカで日本文化を代表するものとして特別な役割を期待されている。そして、発表会は、そのような役割を担う日本の芸能が、人種を超えてコミュニティーの人々に共有される場として、高く評価されている。

## 5　ローカル化される日本の発表会

アメリカでの発表会のための資金調達の工夫や、それに伴う日系社会内部でのネットワーク形成は、多民族社会アメリカであるからこそ実現可能になっている。日本文化は、アメリカの多様なマイノリティー文化の一つとして希少価値やアピール力をもっている。つまり文化的スペクタクルとしての需要がある。一方、日系人自身にとっても、アメリカのなかで自己を表現し差異化する手段として、日本文化は価値をもっている。だからこそ、日系社会全体が、日本文化活動を支援するのである。日本ではたくさんの師匠や流派が共存するため、日本の芸能の上演は、ありがたみや物珍しさに欠けてしまう。ましてや素人の上演となれば、資金集め、集客、支援体制作りは困難である。そして、さらなるハードルとして家元制度という強固なシステムとそのバックボーンとしての権威主義＝肩書重視がある。これらの問題が解決されないかぎり、アメリカのような合理主義的発表会のシステムが日本で機能することは困難だろう。

では、アメリカで家元制度的な師弟間の主従関係がまったく崩壊しているかというと、そうではない。弟子は優れた師匠に敬意をもって接し、その教えに従う。大規模な会になれば、日本から同じ流派の権威ある演奏家を招聘することもある。師匠に対する尊敬と感謝のしるしとしての「ご祝儀」の慣習もなくなってはいない。しかし、日本のように、師匠が多大な経済的負担を暗黙の了解として弟子に課すことはない。民謡の松豊会では、先輩弟子が「ご祝儀」というしきたりについて初心者にあらかじめ説明したうえで、あまり負担にならない程度の額を取りまとめている。例えば、二〇一三年度の秋の温習会では、ご祝儀は一人三十五ドル（名取は五十ドル）の参加費に含まれていた。参加費には、そのほか場所代、プログラム代、宣伝費、夕食代などが含まれ、それらもすべて、弟子に配布する「温習会参加申込書」に明記されている。弟子は温習会に伴う出費をあらかじめ認識し了承したうえで、参加を申し込む。このような明朗会計は、アメリカ社会に適応した結果といえるだろう。

本章は、日本の発表会のシステムがアメリカではそのまま機能しえず、ローカル化していることを明らかにした。このローカル化現象は、「発表会文化」が日本的土壌でこそ機能しうる特殊性をもっているということを、逆説的に示している。決して安くはない参加費を払ってまで自己の練習の成果を披露するという行為が、あまり疑問視されずに広く当たり前のこととして受け入れられてきたという特殊な状況の背景には、家元制度という文化制度下での発表会システムの確立、定着、普及、慣習化があった。

しかし、日本でも発表会のあり方がまったく変化していないわけではない。本書第2章の佐藤生実「習い事産業と発表会」で紹介されている「オンピーノピアノ教室」は極端な例かもしれないが、例えばわたしの知人のお囃子の先生は、プロの演奏会と弟子のおさらい会を合体させた形の公演を隔年でおこなっていて、その開催にあたっては地元の公的助成を受けている。また、その知人の義太夫の先生は、半年に一度ずつ新年会と浴衣会という名前で弟子の発表会をおこなっていて、その際には幹事役が会計報告を出しているという。

バブル経済崩壊後の不景気や東日本大震災からの復興、高齢化社会に備えての増税などによって、日本人の生活はますます厳しくなっている。趣味や娯楽に対するお金の使い方も、これから変化していくかもしれない。本書が明らかにしているように、自らの支払い義務を前提とする「発表会文化」は、日本の芸能だけでなくピアノやバレエなどの習い事、ポピュラー音楽のライブ、公募展にいたるまで浸透している。家元制度を基盤とする金銭的義務の見直し、そして素人の芸術活動を支えるあらたな経済システムの構築が、今後、日本人の生活の一部として芸術・文化活動が発展していくうえで重要な鍵となるかもしれない。アメリカ的な発表会のシステムを日本でそのまま応用することは当然不可能だが、そこから何らかのヒントを得ることはできるかもしれない。本章が、その一助となれば幸いである。

注

(1) 日本で排日移民法といわれている法律は、正確には各国からのアメリカへの年間移民数を制限する法律だったが、実質的に日本からの移民はこれによって禁止されることになった。

(2) WASEDA Minako, "Japanese American Musical Culture in Southern California: Its Formation and Transformation in the 20th Century"(カリフォルニア大学サンタバーバラ校提出博士論文)、二〇〇〇年

(3) 川島武宜『イデオロギーとしての家族制度』岩波書店、一九五七年、三二九—三三一ページ

（4）一九九四年八月におこなった本人へのインタビューから。
（5）『家元の研究』（「西山松之助著作集」第一巻）、吉川弘文館、一九八二年、四二五—四四七、四八四—四八五ページ
（6）A氏談、二〇一四年三月
（7）A氏談、二〇一四年三月
（8）小杉真リサ（佐藤松豊氏の長女、民謡師範）談、二〇一三年六月
（9）工藤は演奏家としても注目を集め、映画のサウンドトラックでも多くの演奏をおこなっている。例えば『サヨナラ』『ティーハウス・オブ・ザ・オーガスト・ムーン』『ドクトル・ジバゴ』『トラトラトラ！』『ワゴン・トレイン』『ミッション・インポッシブル』『カンフー』など。
（10）栗屋陽子談、二〇一三年二月
（11）栗屋陽子談、二〇一三年二月
（12）鈴木啓（ハワイの日本語新聞記者）談、二〇一四年七月
（13）Alliance for California Traditional Arts のウェブサイト "Los Angeles County Arts Commission's Organizational Grant Program I" (http://www.actaonline.org/content/los-angeles-county-arts-commissions-organizational-grant-program-i)［アクセス二〇一四年九月二十八日］参照
（14）ハワイの花柳舞踊専門学校（Hanayagi Dancing Academy Hawaii Foundation）の舞い初めの会は、本来新年早々におこなわれるものだが、二〇一三年度は市の施設であるMission Memorial Auditorium の利用の順番待ちのために、三月に食い込んでしまった。
（15）National Endowment for the Artsについては "National Endowment for the Arts" (http://arts.gov/)［アクセス二〇一四年九月二十八日］を参照。

(16) 花柳三津愛談、二〇一三年三月
(17) KUROKAWA Yoko, "Yearning for a Distant Music: Consumption of Hawaiian Music and Dance in Japan" (ハワイ大学提出博士論文)、二〇〇四年、一四一―一四二ページ
(18) A氏談、二〇一四年三月
(19) 例えば二〇一〇年の演奏会では、佐藤義久編曲のわらべ唄のメドレー、沢井忠雄作曲「砂絵」、香登みのる編曲「さくらイレブン」、水野利彦作曲「さくら〜ニューバージョン〜」などが演奏された。
(20) 二〇一〇年十一月十四日に開催した松豊会「民謡の祭典」での司会(門弟でもある)のスピーチから。
(21) 花柳三津愛、二〇一三年三月七日付電子メールから。
(22) 粟屋会箏曲演奏会(二〇〇四年)プログラムから(筆者訳)。
(23) 松豊会「民謡の祭典」(二〇一〇年)プログラムから(筆者訳)。
(24) 粟屋会箏曲演奏会(二〇〇四年)プログラムから(筆者訳)。
(25) 坂東秀十美舞踊教室主催「舞踊　日本の四季」(二〇〇六年)プログラムから(筆者訳)。

# おわりに　宮入恭平

## 発表会を語り終えて

発表会について思いをめぐらせながら、ふと、高校生のころに夢中になっていたマンガを思い出していた。一九八〇年代前半の三年間にわたって「週刊少年チャンピオン」（秋田書店）に連載されていた、高校生バンドを描いた物語だ。(1) 当時、バンドをやり始めたばかりのわたしにとって、その作品はバイブルのようなものだった。偶然にも、その作品のコミック全十三巻を知人から譲り受けたのは、最近になってからのことだ。いまになって改めて三十年以上前に描かれたその作品を読み返してみると、カウンターカルチャーの空気を肌に感じ取ることができる。社会的容認を受ける以前の逸脱した「セックス、ドラッグ、ロックンロール」というロック・イデオロギーにも包含される（未成年による）飲酒や喫煙の描写は、その賛否はともかく、最近の健全化した高校生バンドには無縁のものだ。そしてそこでは、音楽が（手段ではなく）目的として存在している。八〇年代の高校生バンドにとって重要だったのは「ロックをプレイすること」であり、二〇一〇年代の高校生が目標に掲げている「コンテストに入賞すること」は二の次だった。つまり、日頃の成果を披露すること、言い換えれば、発表会が目的になることはなかったというわけだ。

一九八〇年代の高校生バンドと二〇一〇年代の高校生バンドとのあいだには、音楽の表現活動に対する意識に大きな違いが見られる。その意識の違いは、高校生バンドに限らずとも一般化することができるだろう。さらに、音楽の表現活動という限定的な表現は、アマチュアの表現活動である発表会という文脈に置き換えることもできるはずだ。本書では、アマチュアの表現活動である発表会のさまざまなかたちを見てきた。発表会に対する人々の意識は、時代とともに変容をとげてきた。そして、少なくとも最近では、表現活動に携わる多くの人々にとって、日頃の成果を披露する発表会が目的になっているように思われる。そしてそのような傾向は、さまざまな学術分野でおこなわれている学会発表にも当てはまるだろう。もちろん、日頃の成果を披露することを目標として練習に取り組むという態度は、決して目新しいものではない。しかしその文脈で、かつての発表会はあくまでも通過点であって到達点ではなかった。日頃の練習を成就する目的は別のところにあり、発表会はその過程として位置づけられていたにすぎないのだ。

発表会が到達点という目的になった背景には、善きにつけ悪しきにつけ、発表会に対する社会的要請への呼応が関係している。それは、表現活動をおこなう立場からだけでなく、表現活動を提供する立場からの要請でもある。言い換えれば、好むと好まざるとにかかわらず、発表会が求められているということだ。そもそも発表会は、アマチュアが表現活動をするためだけに存在しているわけではなく、経済的であれ権威的であれ、また、個人であれ制度であれ、何らかの利益獲得という思惑のためにも利用されているという事実を見過ごしてはならない。あるいはそれを、発表会の形骸化と呼んでも過言ではないだろう。そして、そのような状況をもたらす要因は、本書で語られてきたさまざまな発表会のかたちからうかがい知ることができるのだ。

## 次の「宿題」に取りかかるために

やり残した「宿題」を片付けるために、本書ではさまざまな視座から発表会を体系的に語ってきた。結果的に、発表会の自明性を問い直すという当初の試みは、ある意味で達成されたと言えるだろう。そもそも、発表会が人々の日常生活のなかに浸透しているという事実が、その自明性を露呈しているのだ。その自明性の背後にこそ、語るに値するものがあったというわけだ。こうして発表会を語り終えて、最後の言葉を記そうとしていた――そんな矢先、とあるストリート・ミュージシャンのブログがSNSのサイトで話題になっていた。[2] アマチュアの表現活動に関連する話題だったので、さっそくそのブログを確認した。内容は、「池袋駅前でストリート・ライブをしていると、数人の私服警官に車で池袋警察署に連行され、厳重注意を受けた」というものだった。もちろん、無許可のストリート・ライブは違法行為のため、処罰を受けるのは仕方がないという見解もあるだろう。しかし、このブログによると、「見せしめのための連行」という、コミュニティー浄化を伴う政治的な意味合いが付与されているようにも読み取れる。実際のところ、そのストリート・ミュージシャンは警官から、「他のミュージシャン仲間にも、池袋駅周辺での取り締まりが強化されていることを周知するように」とうながされた事実を語っている。

ある事象を語るときには、事象そのものだけではなく、それを取り巻く状況にも注意を払う必要がある。もちろん本書でも、発表会を体系的に語る際に、その背後にある状況にも十分な配慮をしてきたつもりだ。しかし、さらに一歩踏み込んで、理論的な枠組みを用いた考察が必要なのかもしれない。たとえば、件のストリート・ミュージシャン連行問題に関して言えば、最近になって積極的に議論されている「監視社会[3]」という理論的な枠組みを盛り込んだ議論が必要になるかもしれない。さらに、そのような社会をもたらしている「リキッド・モダニティ[4]」の概念も考慮しなければならないだろう――やれやれ、ひとつ「宿題」を片付けたところで、また新たな「宿題」を抱え込んでしまったようだ。

最後に、個人的な「宿題」を片付けるためにご尽力いただいた多くの人たちには、改めてお礼を言わなければならないだろう。そもそも本書は、構想から完成にいたるまで、実に三年以上の歳月を費やしている。そのあいだに、直接的にせよ間接的にせよ、数多の助言をいただいてきた――どうもありがとう！　また、大学や研究機関からの助成金などが一切ないにもかかわらず、ご多忙のなか携わっていただいた執筆者のみなさん、そして、当初から発表会というテーマに興味を寄せながら、積極的に関与してくださった青弓社の矢野未知生氏には、感謝のグラスを掲げたい――乾杯！　彼女／彼らの存在なしで、本書の完成はなかったはずだ。

さて、そろそろ、次の「宿題」に取りかかることにしよう。

二〇一五年二月七日　水瓶座の季節に

宮入恭平

注

（1）佐藤宏之『気分はグルーピー』全十三巻（少年チャンピオン・コミックス）、秋田書店、一九八二―八四年

（2）「重要　路上ライブについて」「小関峻 official blog」（http://ameblo.jp/soromon1020/entry-11958193133.html）［アクセス二〇一四年十一月三十日］

（3）「監視社会」に関しては、デイヴィッド・ライアン『監視社会』（河村一郎訳、青土社、二〇〇二年）やジグムント・バウマン／デイヴィッド・ライアン『私たちが、すすんで監視し、監視される、この世界について――リキッド・サーベイランスをめぐる七章』（伊藤茂訳、青土社、二〇一三年）などに詳しい。

（4）「リキッド・モダニティ」に関しては、ウルリッヒ・ベック／アンソニー・ギデンズ／スコット・ラッシュ『再帰的近代化――近現代の社会秩序における政治、伝統、美的原理』（松尾精文／小幡正敏／叶堂隆三訳、而立書房、一九九七年）やジークムント・バウマン『リキッド・モダニティ――液状化する社会』（森田典正訳、大月書店、二〇〇一年）に詳しい。

クリーン・スタディーズ』(東京大学出版会)、共著に『ポストメディア・セオリーズ』(ミネルヴァ書房)など

早稲田みな子(わせだ みなこ)
1966年、東京都生まれ
国立音楽大学教授
専攻は音楽民族学、日系移民研究
著書に『アメリカ日系社会の音楽文化』(共和国)、共著に『日系文化を編み直す』(ミネルヴァ書房)、論文に "*Naniwa-bushi* in Hawai'i"(ハワイの浪花節)(*Yearbook for Traditional Music,* vol. 52)など

[著者略歴]

薗田碩哉（そのだ せきや）
1943年、神奈川県生まれ
余暇ツーリズム学会名誉会員
専攻は余暇論・遊戯論
著書に『遊びの構造論』（不昧堂出版）、『遊びと仕事の人間学』（遊戯社）、『余暇という希望』（叢文社）、共著に『「趣味に生きる」の文化論』（ナカニシヤ出版）など

歌川光一（うたがわ こういち）
1985年、埼玉県生まれ
聖路加国際大学大学院看護学研究科准教授
専攻は教育文化史、教育社会学、生涯学習論
著書に『女子のたしなみと日本近代』（勁草書房）、共著に『「趣味に生きる」の文化論』（ナカニシヤ出版）、『学校文化の史的探究』（東京大学出版会）、『クラシック音楽と女性たち』『字幕とメディアの新展開』（ともに青弓社）など

佐藤生実（さとう うみ）
1979年、青森県生まれ
武庫川女子大学ほか非常勤講師、市場リサーチや福祉分野におけるイベント企画などをおこなっている
専攻はポピュラー文化論、コミュニケーション論
共著に『ライブシーンよ、どこへいく』『「文化系」学生のレポート・卒論術』（ともに青弓社）、共訳にクリス・ロジェク『カルチュラル・スタディーズを学ぶ人のために』（世界思想社）、論文に「教育とコンクール」（「音楽文化の創造」第64号）、「ファッション・リサイクルの現在」（「武庫川女子大学生活美学研究所紀要」第24号）など

氏原茂将（うじはら しげゆき）
1977年、京都府生まれ
専門領域は建築計画、地域文化計画、コミュニティ・デザイン
北九州イノベーションギャラリー（福岡県）の開館記念展の企画に携わったあと、地域教育施設・川口市メディアセブン（埼玉県）で、ワークショップなどの事業企画ならびに施設運営にあたる。現在、公共文化施設の計画やまちづくり、都市計画に関するプランニングをおこなう

光岡寿郎（みつおか としろう）
1978年、東京都生まれ
東京経済大学コミュニケーション学部教授
専攻はメディア研究、ミュージアム研究
著書に『変貌するミュージアムコミュニケーション』（せりか書房）、共編著に『ス

[編著者略歴]
宮入恭平（みやいり きょうへい）
1968年、長野県生まれ
社会学者、立教大学ほか非常勤講師
専攻はポピュラー音楽研究、ポピュラー文化研究、カルチュラル・スタディーズ
著書に『ライブカルチャーの教科書』『ライブハウス文化論』（ともに青弓社）、『J-POP文化論』（彩流社）、共編著に『「趣味に生きる」の文化論』（ナカニシヤ出版）、『「文化系」学生のレポート・卒論術』、共著に『ライブシーンよ、どこへいく』（ともに青弓社）、翻訳書にスージー・J・タネンバウム『地下鉄のミュージシャン』（朝日新聞出版）など

青弓社ライブラリー84

発表会文化論《はっぴょうかいぶんかろん》　アマチュアの表現活動を問う

発行――2015年2月26日　第1刷
2022年9月30日　第3刷

定価――1600円＋税

編著者――宮入恭平

発行者――矢野未知生

発行所――株式会社青弓社
〒162-0801 東京都新宿区山吹町337
電話 03-3268-0381（代）
http://www.seikyusha.co.jp

印刷所――三松堂

製本所――三松堂



ISBN978-4-7872-3383-7　C0336